# LE COMTE

DE

# MONTE-CRISTO

PAR

ALEXANDRE DUMAS

L'EMPRISONNEMENT — L'ÉVASION — LA
DÉCOUVERTE DU TRÉSOR

EDITED WITH NOTES, EXERCISES, AND VOCABULARY

BY

C. FONTAINE, B. ÈS L., L. EN D.

NEW YORK ·:· CINCINNATI ·:· CHICAGO
AMERICAN BOOK COMPANY

# PREFACE

DUMAS (Alexandre Davy de la Pailleterie) was born at Villers-Cotterets in Northern France in 1803. He received only an elementary education, but was an excellent penman, and it is this last quality that made a living for him when he went to Paris to seek his fortune in 1824. He first worked in a notary's office, and then became a secretary to the Duke of Orleans.

Realizing his ignorance, young Dumas set to study, devoting himself especially to the history of France, which was to be later on his principal source of inspiration in the writing of his novels and dramas.

He may be said to have been the most prolific of novel writers and romantic dramatists of the nineteenth century. His first successful play was *Christine* (1827), then came *Henri III et sa Cour* (1829); *Antony* (1831); *La Tour de Nesle* (1832); *Mademoiselle de Belle-Isle* (1839), etc.

He was endowed with a vivid imagination that sometimes led him astray, but his energy and activity were something marvelous. His best work was done between 1832 and 1848, as can be seen from the dates of publication of the following works: *Impressions de Voyage en Suisse* (1833); *Les Trois Mousquetaires* (1844); *Vingt ans Après* (1845); *Le Comte de Monte-Cristo* (1844); *Le Vicomte de Bragelone* (1848); *Le Chevalier de Maison-Rouge* (1846); etc.

In 1848 he launched into politics and founded two newspapers, —"La Liberté" and "Le Mois." Both lost money for him

From 1860 to 1864 he helped Garibaldi in Italy, spending large sums of money. He was generous to a fault, and although he

3

earned much, he was always in financial troubles. He died in poverty in 1871, after squandering a princely fortune in sybaritic luxury.

On the Place Malesherbes, Paris, stands a statue, the work of Gustave Doré, erected to his memory in 1883

He wrote in all 25 volumes of dramas and 257 volumes of novels. In such vast labors he had, of course, many co-workers, the best-known of whom were Paul Meurice, Gérard de Nerval, Emile Souvestre, and Octave Feuillet, of whom he used to say, "They are my staff of generals, I am their Napoleon."

---

Among the many novels of Alexandre Dumas, the most successful have perhaps been *Les Trois Mousquetaires* and *Le Comte de Monte-Cristo*. The very kind reception accorded by the teaching profession to his edition of the former of those two works has induced the same editor to prepare *Le Comte de Monte-Cristo* for class use.

It is hoped that this edition will prove acceptable for the following reason: the story is complete in itself. It would be impossible to condense Dumas' six volumes to the limits of a school text; it was therefore thought best to excerpt and arrange the three episodes referring to the arrest of Dantès, his escape, and the discovery of the treasure. Some liberties have been taken with the text, but they are few in number and unimportant. The notes are mostly historical and geographical, but the vocabulary is believed to be complete, furnishing the students not only with the meaning of words, but also with the signification of many idioms met with in the text.

A map showing the situation of the "Château d'If" and the different localities referred to in the story has been added.

Dumas' novel is supposed to begin in February, 1815, while Napoleon, after his first abdication in April, 1814, was in the island of Elba, where he had been sent, an exile, by the allied powers of Europe.

The sailing vessel *Pharaon* has come to Marseilles from Smyrna. While at sea, Captain Lecière, her master, died ; but before dying he gave his mate, Edmond Dantès, a package to be delivered to the ex-emperor's great marshal, then with his master in the island of Elba.

In exchange for this package, Dantès had received a letter which he was to carry to Paris. The man to whom this letter was addressed was a leader of the Napoleonic party, a fact of which Edmond was not aware, but which, nevertheless, served as a basis for the accusation of conspiracy made against him by his enemies.

As a reward for his skillful handling of the *Pharaon* after her master's death, her owner expressed his wish to make him captain, a resolution that aroused the jealousy of Danglars, the purser.

A man named Fernand was in love with Mercédès, the *fiancée* of Dantès, and, upon being refused by her, he and Danglars formed a plot to get rid of the young captain. Danglars wrote an anonymous letter to the public prosecutor, in which he denounced Dantès as being party to a conspiracy to overthrow Louis XVIII, the then king of France, in order to recall Napoleon from exile and make him emperor again

In spite of his innocence, Dantès was then arrested, and imprisoned in the Château d'If.

C. FONTAINE.

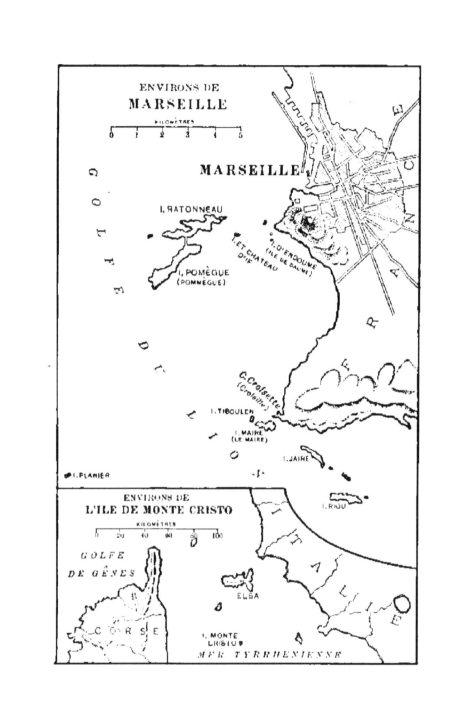

ENVIRONS DE
MARSEILLE

KILOMÈTRES
0  1  2  3  4  5

MARSEILLE

GOLFE

I. RATONNEAU

I. ET CHATEAU D'IF

I. D'ENDOUME
(ILE DE BAUME)

I. POMÈGUE
(POMMÈGUE)

DU

C. Croisette
(Croisille)

LION

I. TIBOULEN

I. MAIRE
(LE MAIRE)

I. JAIRE

I. PLANIER

I. RIOU

F R A N C E

ENVIRONS DE
L'ILE DE MONTE CRISTO

KILOMÈTRES
0  20  40  60  80  100

GOLFE
DE GÊNES

CORSE

ELBA

I. MONTE
CRISTO

MER TYRRHENIENNE

I T A L I E

# LE COMTE DE MONTE-CRISTO

## LE CHATEAU D'IF

Deux gendarmes se placèrent, l'un à droite, l'autre à gauche de Dantès ; on ouvrit une porte, on sortit et l'on suivit quelque temps un de ces grands corridors sombres 5 qui font frissonner ceux-là qui y passent, quand même ils n'ont aucun motif de frissonner.

Après nombre de détours, Dantès vit s'ouvrir une porte avec un guichet de fer ; un gendarme frappa, avec un marteau de fer, trois coups qui retentirent pour Dan- 10 tès comme s'ils étaient frappés sur son cœur ; la porte s'ouvrit, les deux gendarmes poussèrent légèrement leur prisonnier, qui hésitait encore. Dantès franchit le seuil redoutable, et la porte se referma bruyamment derrière lui. Il respirait un autre air, un air méphitique et lourd : 15 il était en prison.

Vers les dix heures du soir, un bruit se fit entendre, qui lui parut se diriger vers sa chambre : en effet, des pas retentirent dans le corridor et s'arrêtèrent devant sa porte ; une clef tourna dans la serrure, les verrous grincè- 20 rent, et la massive barrière de chêne s'ouvrit, laissant

---

1 *Le Chateau d'If* · a fortress on a small island about a mile and a half from Marseilles. This fortress, which was long used as a state prison, was built by King Francis I (1494-1547).

8 *guichet de fer* an iron grating cut through the center of a door.

9 *marteau de fer* see *marteau*.

20 *barrière* here *door*, not *barrier*.

7

voir tout à coup dans la chambre sombre l'éblouissante lumière de deux torches.

À la lueur de ces deux torches, Dantès vit briller les sabres et les mousquetons de quatre gendarmes.  On le 5 fit sortir.

Une voiture attendait à la porte de la rue, le cocher était sur son siège.

— Est-ce donc pour moi que cette voiture est là ? demanda Dantès.

10  — C'est pour vous, répondit un des gendarmes, montez.

Dantès voulut faire quelques observations, mais la portière s'ouvrit, il sentit qu'on le poussait ; il n'avait ni la possibilité ni même l'intention de faire résistance, il se 15 trouva en un instant assis au fond de la voiture, entre deux gendarmes, les deux autres s'assirent sur la banquette de devant, et la pesante machine se mit à rouler avec un bruit sinistre.

Bientôt on arriva au port.  On marcha vers un canot 20 qu'un marinier de la douane maintenait près du quai par une chaîne.  Les soldats regardèrent passer Dantès d'un air de curiosité hébétée.  En un instant il fut installé à la poupe du bateau, toujours entre ces quatre gendarmes. Une violente secousse éloigna le bateau du bord, quatre 25 rameurs nagèrent vigoureusement.

Quelque temps après un choc violent ébranla le canot. Un des bateliers sauta sur le roc que la proue de la petite barque venait de toucher, une corde grinça en se déroulant autour d'une poulie, et Dantès comprit qu'on était 30 arrivé et qu'on amarrait l'esquif.

On attendit là dix minutes à peu près.  On semblait attendre des ordres ; ces ordres arrivèrent.

—Où est le prisonnier ? demanda une voix.

—Le voici, répondirent les gendarmes.

5  —Qu'il me suive, je vais le conduire à son logement.

—Allez, dirent les gendarmes en poussant Dantès.

Le prisonnier suivit son conducteur, qui le conduisit effectivement dans une salle presque souterraine, dont les murailles nues et suantes semblaient imprégnées d'une
10 vapeur de larmes.  Une espèce de lampion posé sur un escabeau, et dont la mèche nageait dans une graisse fétide, illuminait les parois lustrées de cet affreux séjour, et montrait à Dantès son conducteur, espèce de geôlier subalterne, mal vêtu et de basse mine.

15  —Voici votre chambre pour cette nuit, dit-il ; il est tard, et M. le gouverneur est couché.  Demain, quand il se réveillera et qu'il aura pris connaissance des ordres qui vous concernent, peut-être vous changera-t-il de domicile ; en attendant, voici du pain, il y a de l'eau dans
20 cette cruche, de la paille là-bas dans un coin : c'est tout ce qu'un prisonnier peut désirer.  Bonsoir.

Et avant que Dantès eût songé à ouvrir la bouche pour lui répondre, avant qu'il eût remarqué où le geôlier posait ce pain, avant qu'il se fût rendu compte de l'endroit où
25 gisait cette cruche, avant qu'il eût tourné les yeux vers le coin où l'attendait cette paille destinée à lui servir de lit, le geôlier avait pris le lampion, et, refermant la porte, enlevé au prisonnier ce reflet blafard qui lui avait montré

14 *de basse mine*  see *mine*.
17 *il aura pris connaissance* . see *connaissance*.

comme à la lueur d'un éclair les murs ruisselants de sa prison.

Alors il se trouva seul dans les ténèbres et dans le silence, aussi muet et aussi sombre que ces voûtes dont 5 il sentait le froid glacial s'abaisser sur son front brûlant.

Quand les premiers rayons du jour eurent ramené un peu de clarté dans cet antre, le geôlier revint avec ordre de laisser le prisonnier où il était. Dantès n'avait point changé de place. Une main de fer semblait l'avoir cloué 10 à l'endroit même où la veille il s'était arrêté : seulement son œil profond se cachait sous une enflure causée par ses larmes. Il était immobile et regardait la terre.

Il avait ainsi passé toute la nuit debout et sans dormir un seul instant.

15 Le geôlier s'approcha de lui, tourna autour de lui, mais Dantès ne parut pas le voir.

Il lui frappa sur l'épaule, Dantès tressaillit et secoua la tête.

—N'avez-vous donc pas dormi ? demanda le geôlier.

20 — Je ne sais pas, répondit Dantès.

Le geôlier le regarda avec étonnement.

—N'avez-vous pas faim ? continua-t-il.

— Je ne sais pas, répondit encore Dantès.

— Voulez vous quelque chose ?

25 — Je voudrais voir le gouverneur.

Le geôlier haussa les épaules et sortit.

Dantès le suivit des yeux, tendit les mains vers la porte entr'ouverte, mais la porte se referma.

Alors sa poitrine sembla se déchirer dans un long 30 sanglot. Les larmes qui gonflaient sa poitrine jaillirent

comme deux ruisseaux ; il se précipita le front contre
terre, repassant dans son esprit toute sa vie passée, et se
demandant à lui-même quel crime il avait commis dans
cette vie, si jeune encore, qui méritât une si cruelle
5 punition.

La journée se passa ainsi.  À peine s'il mangea quelques
bouchées de pain et but quelques gouttes d'eau.  Tantôt
il restait assis et absorbé dans ses pensées, tantôt il tour-
nait tout autour de sa prison comme fait un animal sau-
10 vage enfermé dans une cage de fer.

Une pensée surtout le faisait bondir : c'est que,
pendant cette traversée, où, dans son ignorance du lieu où
on le conduisait, il était resté si calme et si tranquille, il
aurait pu dix fois se jeter à la mer, et, une fois dans l'eau,
15 grâce à son habileté à nager, grâce à cette habitude qui
faisait de lui un des plus habiles plongeurs de Marseille,
disparaître sous l'eau, échapper à ses gardiens, gagner
la côte, fuir, se cacher dans quelque crique déserte,
attendre un bâtiment génois ou catalan et gagner l'Italie
20 ou l'Espagne.  Quant à sa vie, dans aucune contrée il
n'en était inquiet : partout les bons marins sont rares ,
il parlait l'italien comme un Toscan, l'espagnol comme un
enfant de la Vieille-Castille ; il eût vécu libre, heureux,

6 *À peine s'il mangea* · in translating omit *si* (*s'*) and begin with *il*.

16 *Marseille* · the most important seaport of France on the Mediterranean.  It is said to have been founded by Phocaean colonists
about 600 B.C.  Population over 495,000.  See map.

22 *Toscan* · an inhabitant of Tuscany, the capital of which is Florence, a magnificent city of Central Italy.

23 *Vieille-Castille ;* a province in Spain in which Madrid is situated
and where the purest Spanish is supposed to be spoken.

tandis qu'il était prisonnier, enfermé au château d'If, dans cette infranchissable prison.   C'était à en devenir fou ; aussi Dantès se roulait-il furieux sur la paille fraîche que lui avait apportée son geôlier.

5    Le lendemain, à la même heure, le geôlier rentra.

—Eh bien ! lui demanda le geôlier, êtes-vous plus raisonnable aujourd'hui qu'hier?

Dantès ne répondit point.

—Voyons donc, dit celui-ci, un peu de courage !
10 désirez-vous quelque chose qui soit à ma disposition? voyons, dites.

—Je désire parler au gouverneur.

—Eh? dit le geôlier avec impatience, je vous ai déjà dit que c'est impossible.

15    —Pourquoi cela, impossible?

—Parce que, par les règlements de la prison, il n'est point permis à un prisonnier de le demander.

—Qu'y a-t-il donc de permis ici? demanda Dantès.

—Une meilleure nourriture en payant, la promenade,
20 et quelquefois des livres.

—Je n'ai pas besoin de livres, je n'ai aucune envie de me promener et je trouve ma nourriture bonne ; ainsi je ne veux qu'une chose, voir le gouverneur.

—Si vous m'ennuyez à me répéter toujours la même
25 chose, dit le geôlier : je ne vous apporterai plus à manger.

1 *château d'If ·* see note, page 7, l. 1.

2 *C'était à*   see *être*

9 *un peu de courage*   supply the imperative of *to have* in front of the expression.

—Eh bien! dit Dantès, si tu ne m'apportes plus à manger, je mourrai de faim, voilà tout.

L'accent avec lequel Dantès prononça ces mots prouva au geôlier que son prisonnier serait heureux de mourir; 5 aussi, comme tout prisonnier, de compte fait, rapporte dix sous à peu près par jour à son geôlier, celui de Dantès envisagea le déficit qui résulterait pour lui de sa mort, et reprit d'un ton plus adouci:

—Écoutez: ce que vous désirez là est impossible; ne 10 le demandez donc pas davantage, car il est sans exemple que, sur sa demande, le gouverneur soit venu dans la chambre d'un prisonnier; seulement, soyez bien sage, on vous permettra la promenade, et il est possible qu'un jour, pendant que vous vous promènerez, le gouverneur passe: 15 alors vous l'interrogerez, et, s'il veut vous répondre, cela le regarde.

—Mais, dit Dantès, combien de temps puis-je attendre ainsi sans que ce hasard se présente?

—Ah! dit le geôlier, un mois, trois mois, six mois, un 20 an peut-être.

—C'est trop long, dit Dantès, je veux le voir tout de suite.

—Ah! dit le geôlier, ne vous absorbez pas ainsi dans un seul désir impossible, ou avant quinze jours vous serez fou.

25     —Ah! tu crois? dit Dantès.

1 *tu* · note the use of the singular person in the pronoun showing the prisoner's disdain for his jailer.

5 *de compte fait*: see *compte*.

24 *quinze jours* a fortnight, not fifteen days. In French, as in German, certain expressions of time include the last as well as the first day.

*#*    — Oui, fou ; c'est toujours ainsi que commence la folie,
nous en avons un exemple ici : c'est en offrant sans cesse
un million au gouverneur, si on voulait le mettre en
liberté, que le cerveau de l'abbé qui habitait cette chambre
5 avant vous s'est détraqué.

— Et combien y a-t-il qu'il a quitté cette chambre?

— Deux ans.

— On l'a mis en liberté.

—Non, on l'a mis au cachot.

10    — Écoute, dit Dantès, je ne suis pas un abbé, je ne
suis pas un fou ; peut-être le deviendrai-je, mais malheureusement à cette heure j'ai encore tout mon bon
sens : je vais te faire une autre proposition.

— Laquelle?

15    — Je ne t'offrirai pas un million, moi, car je ne
pourrais pas te le donner ; mais je t'offrirai cent écus si
tu veux, remettre une lettre au gouverneur, pas même
une lettre, deux lignes seulement.

— Si je portais ces deux lignes je perdrais ma place,
20 qui est de mille livres par an, sans compter les bénéfices
sur la nourriture ; vous voyez donc bien que je serais un
grand imbécile de risquer de perdre mille livres pour en
gagner trois cents.

— Eh bien ! dit Dantès, écoute et retiens bien ceci :
25 si tu refuses de porter deux lignes au gouverneur, un jour
je t'attendrai caché derrière ma porte, et au moment où
tu rentreras, je te briserai la tête avec cet escabeau.

— Des menaces ! s'écria le geôlier en faisant un pas en
arrière et en se mettant sur la défensive : décidément la
30 tête vous tourne ; l'abbé a commencé comme vous, et

dans trois jours vous serez fou à lier, comme lui; heureusement que l'on a des cachots au château d'If.

Dantès prit l'escabeau et le fit tournoyer autour de sa tête.

— C'est bien! c'est bien! dit le geôlier, eh bien, puis-
5 que vous le voulez absolument, on va prévenir le gouverneur.

— À la bonne heure! dit Dantès en reposant son escabeau sur le sol et en s'asseyant dessus, la tête basse et
les yeux hagards, comme s'il devenait réellement insensé.
10 Le geôlier sortit, et un instant après rentra avec quatre
soldats et un caporal.

— Par ordre du gouverneur, dit-il, descendez le prisonnier un étage au-dessous de celui-ci.

— Au cachot alors, dit le caporal.
15 — Au cachot: il faut mettre les fous avec les fous.

Les quatre soldats s'emparèrent de Dantès qui tomba
dans une espèce d'atonie et les suivit sans résistance.

On lui fit descendre quinze marches, et on ouvrit la
porte d'un cachot dans lequel il entra en murmurant:
20 — Il a raison, il faut mettre les fous avec les fous.

La porte se referma, et Dantès alla devant lui, les mains
étendues jusqu'à ce qu'il sentît le mur; alors il s'assit
dans un angle et resta immobile, tandis que ses yeux,
s'habituant peu à peu à l'obscurité, commençaient à dis-
25 tinguer les objets.

Le geôlier avait raison, il s'en fallait bien peu que
Dantès ne fût fou.

---

1 *fou à lier:* violently insane; lit. insane enough to be bound up, to be put in a strait-jacket.

7 *À la bonne heure* · see *heure,* also cf. *de bonne heure.*

26 *il s'en fallait . . . fou:* see *falloir.*

## DANTÈS ET FARIA

Dantès passa par tous les degrés du malheur que subis-
sent les prisonniers oubliés dans une prison.

Il commença par l'orgueil, qui est une suite de l'espoir
et une conscience de l'innocence ; puis il en vint à douter
5 de son innocence, ce qui ne justifiait pas mal les idées du
gouverneur sur l'aliénation mentale ; enfin il tomba du
haut de son orgueil, il pria qu'on voulût bien le tirer de
son cachot pour le mettre dans un autre, fût-il plus noir
et plus profond.   Un changement, même désavantageux,
10 était toujours un changement, et procurerait à Dantès
une distraction de quelques jours.   Il pria qu'on lui ac-
cordât la promenade, l'air, des livres, des instruments.
Rien de tout cela ne lui fut accordé ; mais n'importe, il
demandait toujours.   Il s'était habitué à parler à son
15 nouveau geôlier, quoiqu'il fût encore, s'il était possible,
plus muet que l'ancien ; mais parler à un homme, même
à un muet, était encore un plaisir.   Dantès parlait pour
entendre le son de sa propre voix : il avait essayé de
parler lorsqu'il était seul, mais alors il se faisait peur.

20   Souvent, du temps qu'il était en liberté, Dantès s'était
fait un épouvantail de ces chambrées de prisonniers, com-
posées de vagabonds, de bandits et d'assassins.   Il en
vint à souhaiter d'être jeté dans quelqu'un de ces bouges,

---

4 *il en vint à* · see *venir*

5 *ce qui ne justifiait pas mal* · see *justifier*.

19 *il se faisait peur*   see *peur*.

20 *du*   note the idiomatic use of the article ; the dative form (*au*) is more commonly used in this case, the genitive being rather vulgar ; trans. *in the*.

afin de voir d'autres visages que celui de ce geôlier impassible qui ne voulait point parler, il regrettait le bagne
avec son costume infamant, sa chaîne au pied, sa flétrissure sur l'épaule. Au moins les galériens étaient dans la
5 société de leurs semblables, ils respiraient l'air, ils
voyaient le ciel ; les galériens étaient bien heureux.

Il supplia un jour le geôlier de demander pour lui un
compagnon, quel qu'il fût, ce compagnon dût-il être cet
abbé fou dont il avait entendu parler. Sous l'écorce du
10 geôlier, si rude qu'elle soit, il reste toujours un peu de
l'homme. Celui-ci avait souvent, du fond du cœur, et
quoique son visage n'en eût rien dit, plaint ce malheureux
jeune homme, à qui la captivité était si dure ; il transmit
la demande du prisonnier au gouverneur ; mais celui-ci,
15 prudent comme s'il eût été un homme politique, se figura
que Dantès voulait ameuter les prisonniers, tramer quelque complot, s'aider d'un ami dans quelque tentative
d'évasion, et il refusa.

Dantès avait épuisé le cercle des ressources humaines
20 et il en vint à souhaiter la mort.

Il y avait deux moyens de mourir : l'un était simple, il
s'agissait d'attacher son mouchoir à un barreau de la
fenêtre et de se pendre, l'autre consistait à faire semblant
de manger et à se laisser mourir de faim. Le premier
25 répugna fort à Dantès. Il avait été élevé dans l'horreur
des pirates, gens que l'on pend aux vergues des bâti-
ments ; la pendaison était donc pour lui une espèce de
supplice infamant qu'il ne voulait pas s'appliquer à lui-
même ; il adopta donc le deuxième, et en commença
30 l'exécution le jour même.

Dantès avait dit : « Je veux mourir » et s'était choisi son
genre de mort ; alors il l'avait bien envisagé, et, de peur de
revenir sur sa décision, il s'était fait serment à lui-même
de mourir ainsi.    Quand on me servira mon repas du
5 matin et mon repas du soir, avait-il pensé, je jetterai les
aliments par la fenêtre et j'aurai l'air de les avoir mangés.

Il le fit comme il s'était promis de le faire.    Deux fois
le jour, par la petite ouverture grillée qui ne lui laissait
apercevoir que le ciel, il jetait ses vivres, d'abord gaie-
10 ment, puis avec réflexion, puis avec regret ; il lui fallut le
souvenir du serment qu'il s'était fait pour avoir la force
de poursuivre ce terrible dessein.    Ces aliments, qui lui
répugnaient autrefois, la faim, aux dents aiguës, les lui
faisait paraître appétissants à l'œil et exquis à l'odorat.
15 C'étaient les derniers instincts de la vie qui luttaient
encore en lui et qui de temps en temps terrassaient sa
résolution.    Alors son cachot ne lui paraissait plus aussi
sombre, son état lui semblait moins désespéré ; il était .
jeune encore ; il lui restait cinquante ans à vivre à peu
20 près.    Pendant ce laps de temps immense, que d'événe-
ments pouvaient forcer les portes, renverser les murailles
du château d'If et le rendre à la liberté ! Alors il
approchait ses dents du repas que, Tantale volontaire, il

13 *aux*   note the descriptive dative; cf. *l'homme aux cheveux bruns;
la femme aux yeux bleus*,   trans *with*

16 *de temps en temps*   see *temps.*

20 *que*   note the exclamative, trans. *how many.*

23 *Tantale* (Tantalus), the son of Jupiter, and king of Lydia, who
was punished for betraying the secrets of his father by being placed
in a lake, in the infernal regions, where water fled from him when he
sought to quench his thirst, and amid trees laden with fruit, whose
*boughs avoided* every effort he made to seize them.

éloignait lui-même de sa bouche ; mais alors le souvenir
de son serment lui revenait à l'esprit, et cette généreuse
nature avait trop peur de se mépriser soi-même pour
manquer à son serment.    Il usa donc, rigoureux et
5 impitoyable, le peu d'existence qui lui restait, et un jour
vint où il n'eut plus la force de se lever pour jeter par la
lucarne le souper qu'on lui apportait.

   Le lendemain il ne voyait plus, il entendait à peine.
Le geôlier croyait à une maladie grave ; Edmond
10 espérait dans une mort prochaine.

   La journée s'écoula ainsi : Edmond sentait un vague
engourdissement, qui ne manquait pas d'un certain bien-
être, le gagner.    Les tiraillements nerveux de son estomac
s'étaient assoupis ; les ardeurs de sa soif s'étaient calmées ;
15 lorsqu'il fermait les yeux, il voyait une foule de lueurs
brillantes pareilles à ces feux follets qui courent la nuit
sur les terrains fangeux : c'était le crépuscule de ce pays
inconnu qu'on appelle la mort.    Tout à coup le soir, vers
neuf heures, il entendit un bruit sourd à la paroi du mur
20 contre lequel il était couché.

   Edmond souleva sa tête pour mieux entendre.

   C'était un grattement égal qui semblait accuser, soit
une griffe énorme, soit une dent puissante, soit enfin la
pression d'un instrument quelconque sur des pierres.

25   Bien qu'affaibli, le cerveau du jeune homme fut frappé
par cette idée banale constamment présente à l'esprit des
prisonniers : la liberté.    Ce bruit arrivait si juste au
moment où tout bruit allait cesser pour lui, qu'il lui
semblait que Dieu se montrait enfin pitoyable à ses

16 *feux follets* : see *feu.*

souffrances et lui envoyait ce bruit pour l'avertir de s'arrêter au bord de la tombe où chancelait déjà son pied. Qui pouvait savoir si un de ses amis ne s'occupait pas de lui en ce moment et ne cherchait pas à rapprocher la
5 distance qui les séparait?

Mais non, sans doute Edmond se trompait, et c'était un de ces rêves qui flottent à la porte de la mort.

Cependant Edmond écoutait toujours ce bruit. Ce bruit dura trois heures à peu près, puis Edmond entendit
10 une sorte de croulement, après quoi le bruit cessa.

Quelques heures après, il reprit plus fort et plus rapproché. Déjà Edmond s'intéressait à ce travail qui lui faisait société, tout à coup le geôlier entra.

Depuis huit jours à peu près qu'il avait résolu de
15 mourir, depuis quatre jours qu'il avait commencé de mettre ce projet à exécution, Edmond n'avait point adressé la parole à cet homme, ne lui répondant pas quand il lui avait parlé pour lui demander de quelle maladie il croyait être atteint, et se retournant du côté du
20 mur quand il en était regardé trop attentivement. Mais aujourd'hui le geôlier pouvait entendre ce bruissement sourd, s'en alarmer, y mettre fin, et déranger ainsi peut-être ce je ne sais quoi d'espérance, dont l'idée seule charmait les derniers moments de Dantès.

25 Le geôlier apportait à déjeuner.

Dantès se souleva sur son lit, et, enflant sa voix, se mit à parler sur tous les sujets possibles, sur la mauvaise qualité des vivres qu'il apportait, sur le froid dont on souffrait dans ce cachot, murmurant et grondant pour

23 *ce je ne sais quoi d'espérance:* see *espérance.*

avoir le droit de crier plus fort, et lassant la patience du
geôlier, qui justement ce jour-là avait sollicité pour le
prisonnier malade un bouillon et du pain frais, et qui lui
apportait ce bouillon et ce pain.

5    Heureusement il crut que Dantès avait le délire ; il
posa les vivres sur la mauvaise table boiteuse sur laquelle
il avait l'habitude de les poser, et se retira.

Libre alors, Edmond se remit à écouter avec joie.

Le bruit devenait si distinct que maintenant le jeune
10 homme l'entendait sans efforts.

Plus de doute, se dit-il à lui-même, puisque ce bruit
continue, malgré le jour, c'est quelque malheureux prisonnier comme moi qui travaille à sa délivrance.   Oh !
si j'étais près de lui, comme je l'aiderais !

15    Puis tout à coup un nuage sombre passa sur cette
aurore d'espérance dans ce cerveau habitué au malheur
et qui ne pouvait se reprendre que difficilement aux joies
humaines ; cette idée surgit aussitôt, que ce bruit avait
pour cause le travail de quelques ouvriers que le gouver-
20 neur employait aux réparations d'une chambre voisine.

Il était facile de s'en assurer ; mais comment risquer
une question ?   Certes il était tout simple d'attendre
l'arrivée du geôlier, de lui faire écouter ce bruit, et de
voir la mine qu'il ferait en l'écoutant ; mais se donner
25 une pareille satisfaction, n'était-ce pas trahir des intérêts
bien précieux pour une satisfaction bien courte ?   Malheureusement la tête d'Edmond était assourdie par le
bourdonnement d'une idée ; il était si faible que son esprit
flottait comme une vapeur, et ne pouvait se condenser
30 autour d'une pensée.   Edmond ne vit qu'un moyen de

rendre la netteté à sa réflexion et la lucidité à son jugement ; il tourna les yeux vers le bouillon fumant encore
que le geôlier venait de déposer sur la table, se leva, alla
en chancelant jusqu'à lui, prit la tasse, la porta à ses
5 lèvres, et avala le breuvage qu'elle contenait avec une
indicible sensation de bien-être.

Alors il eut le courage d'en rester là : il avait entendu
dire que de malheureux naufragés recueillis, exténués par
la faim, étaient morts pour avoir gloutonnement dévoré
10 une nourriture trop substantielle. Edmond posa sur la
table le pain qu'il tenait déjà presque à portée de sa
bouche, et alla se recoucher. Edmond ne voulait plus
mourir.

Bientôt il sentit que le jour rentrait dans son cerveau.
15 Il put penser et fortifier sa pensée avec le raisonnement.

Alors il se dit :

— Il faut tenter l'épreuve, mais sans compromettre
personne. Si le travailleur est un ouvrier ordinaire, je
n'ai qu'à frapper contre mon mur, aussitôt il cessera sa
20 besogne pour tâcher de deviner quel est celui qui frappe
et dans quel but il frappe. Mais comme son travail sera
non seulement licite, mais encore commandé, il le reprendra bientôt. Si au contraire c'est un prisonnier, le
bruit que je ferai l'effrayera ; il craindra d'être découvert ;
25 il cessera son travail et ne le reprendra que ce soir,
quand il croira tout le monde couché et endormi.

Aussitôt Edmond se leva de nouveau. Cette fois, ses
jambes ne vacillaient plus et ses yeux étaient sans éblou-
issements. Il alla vers un angle de sa prison, détacha
30 une pierre minée par l'humidité, et revint frapper le mur

à l'endroit même où le retentissement était le plus sensible.

Il frappa trois coups.

Dès le premier, le bruit avait cessé comme par en-
5 chantement.

Edmond écouta de toute son âme. Une heure s'écoula,
deux heures s'écoulèrent, aucun bruit nouveau ne se fit
entendre ; Edmond avait fait naître de l'autre côté de la
muraille un silence absolu.

10 Plein d'espoir, Edmond mangea quelques bouchées de
son pain, avala quelques gorgées d'eau, et, grâce à la constitution puissante dont la nature l'avait doué, se retrouva
à peu près comme auparavant.

La journée s'écoula, le silence durait toujours.

15 La nuit vint sans que le bruit eût recommencé.

—C'est un prisonnier, se dit Edmond avec une indicible joie.

Dès lors sa tête s'embrasa, la vie lui revint violente à
force d'être active.

20 La nuit se passa sans que le moindre bruit se fit
entendre.

Edmond ne ferma pas les yeux de cette nuit.

Le jour revint ; le geôlier rentra apportant les provisions. Edmond avait déjà dévoré les anciennes ; il dé-
25 vora les nouvelles, écoutant sans cesse ce bruit qui ne
revenait pas, tremblant qu'il eût cessé pour toujours,
faisant dix ou douze lieues dans son cachot, ébranlant
pendant des heures entières les barreaux de fer de son
soupirail, rendant l'élasticité et la vigueur à ses membres

8 *avait fait naître*  see *naître*.

par un exercice désappris depuis longtemps, se disposant
enfin à reprendre corps à corps sa destinée à venir,
comme fait, en étendant ses bras, et en frottant son corps
d'huile, le lutteur qui va entrer dans l'arène.   Puis, dans
5 les intervalles de cette activité fiévreuse, il écoutait si le
bruit ne revenait pas, s'impatientant de la prudence de
ce prisonnier qui ne devinait point qu'il avait été distrait
dans son œuvre de liberté par un autre prisonnier, qui
avait au moins aussi grande hâte d'être libre que lui.

10   Trois jours s'écoulèrent, soixante-douze mortelles
heures comptées minute par minute !

Enfin un soir, comme le geôlier venait de faire sa
dernière visite, comme pour la centième fois Dantès
collait son oreille à la muraille, il lui sembla qu'un
15 ébranlement imperceptible répondait sourdement dans sa
tête, mise en rapport avec les pierres silencieuses.

Dantès se recula pour bien rasseoir son cerveau ébranlé,
fit quelques tours dans la chambre, et replaça son oreille
au même endroit.

20   Il n'y avait plus de doute, il se faisait quelque chose de
l'autre côté ; le prisonnier avait reconnu le danger de sa
manœuvre et en avait adopté quelque autre, et, sans doute
pour continuer son œuvre avec plus de sécurité, il avait
substitué le levier au ciseau.

25   Enhardi par cette découverte, Edmond résolut de venir
en aide à l'infatigable travailleur.   Il commença par déplacer son lit derrière lequel il lui semblait que l'œuvre

2 *reprendre corps à corps:* see *corps.*
9 *avait .   . grande hâte*   see *hâte.*
16 *mise en rapport .* see *rapport.*

de délivrance s'accomplissait, et chercha des yeux un objet avec lequel il pût entamer la muraille, faire tomber le ciment humide, desceller une pierre enfin.

Rien ne se présenta à sa vue. Il n'avait ni couteau ni instrument tranchant ; du fer à ses barreaux seulement, et il s'était assuré si souvent que ses barreaux étaient bien scellés, que ce n'était plus même la peine d'essayer de les ébranler.

Pour tout ameublement, un lit, une chaise, une table, un seau, une cruche.

À ce lit il y avait bien des tenons de fer, mais ces tenons étaient scellés au bois par des vis. Il eût fallu un tourne-vis pour tirer ces vis et arracher ces tenons.

À la table et à la chaise, rien ; au seau il y avait eu autrefois une anse, mais cette anse avait été enlevée.

Il n'y avait plus pour Dantès qu'une ressource, c'était de briser sa cruche et, avec un des morceaux de grès taillés en angle, de se mettre à la besogne.

Il laissa tomber la cruche sur un pavé, et la cruche vola en éclats.

Dantès choisit deux ou trois éclats aigus, les cacha dans sa paillasse, et laissa les autres épars sur la terre. La rupture de sa cruche était un accident trop naturel pour que l'on s'en inquiétât.

Edmond avait toute la nuit pour travailler ; mais dans l'obscurité, la besogne allait mal, car il lui fallait travailler à tâtons, et il sentit bientôt qu'il émoussait l'instrument informe contre un grès plus dur. Il repoussa donc son

5 *du fer à ses barreaux seulement = le seul fer de sa chambre était celui de ses barreaux,*

lit et attendit le jour.    Avec l'espoir, la patience lui était
revenue.                            •

Toute la nuit il écouta et entendit le mineur inconnu
qui continuait son œuvre souterraine.

5    Le jour vint, le geôlier entra.    Dantès lui dit qu'en
buvant la veille à même la cruche, elle avait échappé à
sa main et s'était brisée en tombant.    Le geôlier alla
en grommelant chercher une cruche neuve, sans même
prendre la peine d'emporter les morceaux de la vieille.

10    Il revint un instant après, recommanda plus d'adresse
au prisonnier et sortit.

Dantès écouta avec une joie indicible le grincement de
la serrure qui, chaque fois qu'elle se refermait jadis, lui
serrait le cœur.    Il écouta s'éloigner le bruit des pas ; puis,
15 quand ce bruit se fut éteint, il bondit vers sa couchette
qu'il déplaça, et, à la lueur du faible rayon de jour qui
pénétrait dans son cachot, put voir la besogne inutile
qu'il avait faite la nuit précédente en s'adressant au
corps de la pierre au lieu de s'adresser au plâtre qui
20 entourait ses extrémités.

L'humidité avait rendu ce plâtre friable.

Dantès vit avec un battement de cœur joyeux que ce
plâtre se détachait par fragments , ces fragments étaient
presque des atomes, c'est vrai ; mais au bout d'une demi-
25 heure, cependant, Dantès en avait détaché une poignée à
peu près.    Un mathématicien eût pu calculer qu'avec
deux années à peu près de ce travail, en supposant qu'on
ne recontrât point le roc, on pouvait se creuser un passage
de deux pieds carrés et de vingt pieds de profondeur.

6 *à même la cruche*   see *cruche.*   18 *en s'adressant au* = *en attaquant le.*

Le prisonnier se reprocha alors de ne pas avoir employé à ce travail ces longues heures successivement écoulées, toujours plus lentes, et qu'il avait perdues dans l'espérance et dans le désespoir.

5 Depuis qu'il était enfermé dans ce cachot, quel travail, si lent qu'il fût, n'eût-il pas achevé !

Et cette idée lui donna une nouvelle ardeur.

En trois jours il parvint, avec des précautions inouies, à enlever tout le ciment et à mettre à nu la pierre : la mu-
10 raille était faite de moellons au milieu desquels, pour ajouter à la solidité, avait pris place de temps en temps une pierre de taille. C'était une de ces pierres de taille qu'il avait presque déchaussée, et qu'il s'agissait maintenant d'ébranler dans son alvéole.

15 Dantès essaya avec ses ongles, mais ses ongles étaient insuffisants pour cela.

Les morceaux de la cruche introduits dans les intervalles se brisaient lorsque Dantès voulait s'en servir en manière de levier.

20 Après une heure de tentatives inutiles, Dantès se releva la sueur et l'angoisse sur le front.

Allait-il donc être arrêté ainsi dès le début, et lui faudrait-il attendre, inerte et inutile, que son voisin, qui de son côté se lasserait peut-être, eût tout fait !

25 Alors une idée lui passa par l'esprit ; il demeura debout et souriant ; son front humide de sueur se sécha tout seul.

Le geôlier apportait tous les jours la soupe de Dantès dans une casserole de fer-blanc. Cette casserole contenait sa soupe et celle d'un second prisonnier, car Dantès avait

9 *mettre à nu :* see *nu.*

remarqué que cette casserole était, ou entièrement pleine, ou à moitié vide, selon que le porte-clefs commençait la distribution des vivres par lui ou par son compagnon.

Cette casserole avait un manche de fer ; c'était ce 5 manche de fer qu'ambitionnait Dantès et qu'il eût payé, si on les lui avait demandées en échange, de dix années de sa vie.

Le geôlier versa le contenu de cette casserole dans l'assiette de Dantès. Après avoir mangé sa soupe avec 10 une cuiller de bois, Dantès lavait cette assiette qui servait ainsi chaque jour.

Le soir, Dantès posa son assiette à terre, à mi-chemin de la porte à la table ; le geôlier en entrant mit le pied sur l'assiette et la brisa en mille morceaux.

15 Cette fois il n'y avait rien à dire contre Dantès : il avait eu le tort de laisser son assiette à terre, c'est vrai, mais le geôlier avait eu celui de ne pas regarder à ses pieds.

Le geôlier se contenta donc de grommeler.

Puis il regarda autour de lui dans quoi il pouvait verser 20 la soupe ; le mobilier de Dantès se bornait à cette seule assiette, il n'y avait pas de choix.

— Laissez la casserole, dit Dantès, vous la reprendrez en m'apportant demain mon déjeuner.

Ce conseil flattait la paresse du geôlier, qui n'avait pas 25 besoin ainsi de remonter, de redescendre et de remonter encore.

5 *ambitionnait* = *désirait*

15 *il avait eu le tort* see *tort.*

17 *celui* refers to *tort.* — *à ses pieds :* trans. *down* ; lit *at his feet.* This is a very common idiom.

18 *se contenta de,* see *contenter.*

Il laissa la casserole.

Dantès frèmit de joie.

Cette fois il mangea vivement la soupe et la viande que, selon l'habitude des prisons, on mettait avec la soupe.

5 Puis, après avoir attendu une heure, pour être certain que le geôlier ne se raviserait point, il dérangea son lit, prit sa casserole, introduisit le bout du manche entre la pierre de taille dénuée de son ciment et les moellons voisins, et commença de faire le levier.

10 Une légère oscillation prouva à Dantès que la besogne venait à bien.

En effet, au bout d'une heure la pierre était tirée du mur, où elle faisait une excavation de plus d'un pied et demi de diamètre.

15 Dantès ramassa avec soin tout le plâtre, le porta dans les angles de sa prison, gratta la terre grisâtre avec un des fragments de sa cruche et recouvrit le plâtre de terre.

Puis voulant mettre à profit cette nuit où le hassard, ou plutôt la savante combinaison qu'il avait imaginée, avait 20 remis entre ses mains un instrument si précieux, il continua de creuser avec acharnement.

À l'aube il replaça la pierre dans son trou, repoussa son lit contre la muraille et se coucha.

Le déjeuner consistait en un morceau de pain ; le 25 geôlier entra et posa ce morceau de pain sur la table.

—Eh bien ! vous ne m'apportez pas une autre assiette ? demanda Dantès.

---

5 *après avoir attendu* in English we use the present participle instead of the past infinitive.

11 *venait à bien :* see *bien.*

— Non, dit le porte-clefs, vous êtes un brise-tout, vous
avez détruit votre cruche, et vous êtes cause que j'ai
cassé votre assiette ; si tous les prisonniers faisaient
autant de dégats, le gouvernement n'y pourrait pas tenir.
5 On vous laisse la casserole, on vous versera votre soupe
dedans ; de cette façon vous ne casserez pas votre
ménage, peut-être.

Dantès leva les yeux au ciel et joignit ses mains sous
sa couverture.

10    Ce morceau de fer qui lui restait faisait naître dans
son cœur un élan de reconnaissance plus vif vers le ciel
que ne lui avaient jamais causé dans sa vie passée les plus
grands biens qui lui étaient survenus.

Seulement il avait remarqué que depuis qu'il avait
15 commencé à travailler, lui, le prisonnier ne travaillait plus.

N'importe, ce n'était pas une raison pour cesser sa
tâche ; si son voisin ne venait pas à lui, c'était lui qui
irait à son voisin.

Toute la journée il travailla sans relâche ; le soir il
20 avait, grâce à son nouvel instrument, tiré de la muraille
plus de dix poignées de débris de moellons, de plâtre
et de ciment.

Lorsque l'heure de la visite arriva, il redressa de son
mieux le manche tordu de sa casserole et remit le
25 récipient à sa place accoutumée.  Le porte-clefs y versa
la ration ordinaire de soupe et de viande, ou plutôt de
soupe et de poisson, car ce jour-là était un jour maigre,

---

10 *faisait naître :* see *naître*
15 *lui .* note the emphatic use of the personal pronoun.
27 *jour maigre . . . faire maigre* see *maigre.*

et trois fois par semaine on faisait faire maigre aux
prisonniers.

Puis la soupe versée, le porte-clefs se retira.

Cette fois Dantès voulut s'assurer si son voisin avait
5 bien réellement cessé de travailler.

Il écouta.

Tout était silencieux comme pendant ces trois jours où
les travaux avaient été interrompus.

Dantès soupira ; il était évident que son voisin se
10 défiait de lui.

Cependant il ne se découragea point et continua de
travailler toute la nuit ; mais après deux ou trois heures
de labeur, il rencontra un obstacle. Le fer ne mordait
plus et glissait sur une surface plane.

15 Dantès toucha l'obstacle avec ses mains et reconnut
qu'il avait atteint une poutre.

Cette poutre traversait ou plutôt barrait entièrement
le trou qu'avait commencé Dantès.

Maintenant il fallait creuser dessus ou dessous.

20 Le malheureux jeune homme n'avait point songé à cet
obstacle.

— Oh ! mon Dieu, mon Dieu ! s'écria-t-il, je vous avais
cependant tant prié, que j'espérais que vous m'aviez
entendu. Mon Dieu ! ayez pitié de moi, ne me laissez
25 pas mourir dans le désespoir !

— Qui parle de Dieu et de désespoir en même temps ?
articula une voix qui semblait venir de dessous terre et

---

1 *trois fois par semaine* i e. on Wednesdays, Fridays, and Satur-
days, formerly compulsory fast days in the Roman Catholic Church.

qui, assourdie par l'opacité, parvenait au jeune homme avec un accent sépulcral.

Edmond sentit se dresser ses cheveux sur sa tête, et il recula sur ses genoux.

5 —Ah! murmura-t-il, j'entends parler un homme.

Il y avait quatre ou cinq ans qu'Edmond n'avait entendu parler que son geôlier, et pour le prisonnier le geôlier n'est pas un homme : c'est une porte vivante ajoutée à sa porte de chêne ; c'est un barreau de chair 10 ajouté à ses barreaux de fer.

—Au nom du ciel! s'écria Dantès, vous qui avez parlé, parlez encore, quoique votre voix m'ait épouvanté ; qui êtes-vous?

—Qui êtes-vous vous-même? demanda la voix.

15 —Un malheureux prisonnier, reprit Dantès, qui ne faisait, lui, aucune difficulté de répondre.

—De quel pays ?

—Français.

—Votre nom ?

20 —Edmond Dantès.

—Votre profession ?

—Marin.

—Depuis combien de temps êtes-vous ici ?

—Depuis le 28 février 1815.

25 —Votre crime ?

—Je suis innocent.

—Mais de quoi vous accuse-t-on ?

—D'avoir conspiré pour le retour de l'empereur.

—Mais vous-même depuis quel temps êtes-vous donc 30 ici ?

— Depuis 1811.

— Dantès frissonna ; cet homme avait quatre ans de prison de plus que lui.

— C'est bien, ne creusez plus, dit la voix en parlant 5 fort vite ; seulement dites-moi à quelle hauteur se trouve l'excavation que vous avez faite ?

— Au ras de la terre.

— Comment est-elle cachée ?

— Derrière mon lit.

10 — A-t-on dérangé votre lit depuis que vous êtes en prison.

— Jamais.

— Sur quoi donne votre chambre ?

— Sur un corridor.

15 — Et le corridor ?

— Aboutit à la cour.

— Hélas ! murmura la voix.

— Oh ! mon Dieu ! qu'y a-t-il donc ? s'écria Dantès.

— Il y a que je me suis trompé que l'imperfection de 20 mes dessins m'a abusé, que le défaut d'un compas m'a perdu, qu'une ligne d'erreur sur mon plan a équivalu à quinze pieds en réalité, et que j'ai pris le mur que vous creusez pour celui de la citadelle !

— Mais alors vous aboutissiez à la mer ?

25 — C'était ce que je voulais.

— Et si vous aviez réussi !

— Je me jetais à la nage, je gagnais une des îles qui environnent le château d'If, soit l'île de Daume, soit

28 *l'île de Daume, l'île de Tiboulen* two small islands near Marseilles. See map

l'île de Tiboulen, soit même la côte, et alors j'étais
sauvé.

— Auriez-vous donc pu nager jusque-là?

— Dieu m'eût donné la force; et maintenant tout est
5 perdu.

— Tout?

— Oui.   Rebouchez votre trou avec précaution, ne
travaillez plus, ne vous occupez de rien, et attendez de
mes nouvelles.

10     — Qui êtes-vous au moins... dites-moi qui vous êtes ?

— Je suis... je suis... le n° 27.

— Vous défiez-vous donc de moi ? demanda Dantès.

Edmond crut entendre comme un rire amer percer la
voûte et monter jusqu'à lui.

15     — Oh ! je suis honnête homme, s'écria-t-il, devinant
instinctivement que son voisin songeait à l'abandonner ;
je vous jure que je me ferai tuer plutôt que de laisser
entrevoir à vos bourreaux et aux miens l'ombre de la
vérité ; mais, au nom du ciel, ne me privez pas de votre
20 présence, ne me privez pas de votre voix, ou, je vous
le jure, car je suis au bout de ma force, je me brise
la tête contre la muraille, et vous aurez ma mort à vous
reprocher.

— Quel âge avez-vous? votre voix semble être celle
25 d'un jeune homme.

— Je ne sais pas mon âge, car je n'ai pas mesuré le
temps depuis que je suis ici.   Ce que je sais, c'est que

8 *attendez de mes nouvelles·* see *nouvelle.*

11 *le n° 27* the number on the door of Faria's cell, prisoners are
often designated by the number of their cell.

j'allais avoir dix-neuf ans lorsque j'ai été arrêté le 18
février 1815.

— Pas tout à fait vingt-six ans, murmura la voix. Allons
à cet âge on n'est pas encore un traître.

5 — Oh ! non ! non ! je vous le jure, répéta Dantès. Je
vous l'ai déjà dit et je vous le redis, je me ferai couper en
morceaux plutôt que de vous trahir.

— Vous avez bien fait de me parler ; vous avez bien
fait de me prier, car j'allais former un autre plan et
10 m'éloigner de vous. Mais votre âge me rassure, je vous
rejoindrai, attendez-moi.

— Quand cela ?

— Il faut que je calcule nos chances ; laissez-moi vous
donner le signal.

15 — Mais vous ne m'abandonnerez pas, vous ne me
laisserez pas seul, vous viendrez à moi, ou vous me per-
mettrez d'aller à vous ? Nous fuirons ensemble, et, si
nous ne pouvons fuir, nous parlerons, vous des gens que
vous aimez, moi des gens que j'aime. Vous devez aimer
20 quelqu'un ?

— Je suis seul au monde.

— Alors vous m'aimerez, moi : si vous êtes jeune, je
serai votre camarade ; si vous êtes vieux, je serai votre fils.

— C'est bien, dit prisonnier, à demain.

25 Ce peu de paroles furent dites avec un accent qui
convainquit Dantès ; il n'en demanda pas davantage, se
releva, prit les mêmes précautions pour les débris tirés du
mur qu'il avait déjà prises, et repoussa son lit contre la
muraille.

30 Dès lors Dantès se laissa aller tout entier à son bonheur ;

il n'allait plus être seul certainement, peut-être même allait-il être libre ; le pis-aller, s'il restait prisonnier, était d'avoir un compagnon ; or la captivité partagée n'est plus qu'une demi-captivité.

5   Toute la journée, Dantès alla et vint dans son cachot, le cœur bondissant de joie.   De temps en temps cette joie l'étouffait : il s'asseyait sur son lit, pressant sa poitrine avec sa main.   Au moindre bruit qu'il entendait dans le corridor, il bondissait vers la porte.   Une fois ou deux, 10 cette crainte qu'on le séparât de cet homme qu'il ne connaissait point, et que cependant il aimait déjà comme un ami, lui passa par le cerveau.   Alors il était décidé : au moment où le geôlier écarterait son lit, baisserait la tête pour examiner l'ouverture, il lui briserait la tête avec 15 le pavé sur lequel était posée sa cruche.

On le condamnerait à mort, il le savait bien ; mais n'allait-il pas mourir d'ennui et de désespoir au moment où ce bruit miraculeux l'avait rendu à la vie ?

Le soir le geôlier vint ; Dantès était sur son lit, de là il 20 lui semblait qu'il gardait mieux l'ouverture inachevée. Sans doute il regarda le visiteur importun d'un œil étrange, car celui-ci lui dit :

— Voyons, allez-vous redevenir encore fou ?

Dantès ne répondit rien, il craignait que l'émotion de 25 sa voix ne le trahît.

Le geôlier se retira en secouant la tête.

La nuit arrivée, Dantès crut que son voisin profiterait du silence et de l'obscurité pour renouer la conversation avec lui, mais il se trompait ; la nuit s'écoula sans

*27 La nuit arrivée.* note the absolute construction.

qu'aucun bruit répondît à sa fiévreuse attente. Mais le lendemain, après la visite du matin et comme il venait d'écarter son lit de la muraille, il entendit frapper trois coups à intervalles égaux ; il se précipita à genoux.

5 — Est-ce vous ? dit-il ; me voilà !

— Votre geôlier est-il parti ? demanda la voix.

— Oui, répondit Dantès, il ne reviendra que ce soir ; nous avons douze heures de liberté.

— Je puis donc agir ? dit la voix.

10 — Oh ! oui, oui, sans retard, à l'instant même, je vous en supplie !

Aussitôt la portion de terre sur laquelle Dantès, à moitié perdu dans l'ouverture, appuyait ses deux mains, sembla céder sous lui ; il se rejeta en arrière, tandis 15 qu'une masse de terre et de pierres détachées se précipitait dans un trou qui venait de s'ouvrir au-dessous de l'ouverture que lui-même avait faite ; alors, au fond de ce trou sombre et dont il ne pouvait mesurer la profondeur, il vit paraître une tête, des épaules et enfin un homme 20 tout entier qui sortit avec assez d'agilité de l'excavation pratiquée.

## UN SAVANT ITALIEN

Dantès prit dans ses bras ce nouvel ami, si longtemps et si impatiemment attendu, et l'attira vers sa fenêtre, afin que le peu de jour qui pénétrait dans le cachot 25 l'éclairât tout entier.

C'était un personnage de petite taille, aux cheveux blanchis par la peine plutôt que par l'âge, à l'œil pénétrant caché sous d'épais sourcils qui grisonnaient, à la

barbe encore noire et descendant jusque sur sa poitrine :
la maigreur de son visage creusé par des rides profondes,
la ligne hardie de ses traits caractéristiques, révélaient un
homme plus habitué à exercer ses facultés intellectuelles
5 que ses forces physiques.  Le front du nouveau venu était
couvert de sueur.

Quant à son vêtement, il était impossible d'en distinguer la forme primitive, car il tombait en lambeaux.

Il paraissait avoir soixante-cinq ans au moins, quoi-
10 qu'une certaine vigueur dans les mouvements annonçât
qu'il avait moins d'années peut-être que n'en accusait une
longue captivité.

Il accueillit avec une sorte de plaisir les protestations
enthousiastes du jeune homme ; son âme glacée sembla
15 pour un instant se réchauffer et se fondre au contact de
cette âme ardente.  Il le remercia de sa cordialité avec
une certaine chaleur, quoique sa déception eût été grande
de trouver un second cachot où il croyait rencontrer la
liberté.

20 — Voyons d'abord, dit-il, s'il y a moyen de faire disparaître aux yeux de vos geôliers les traces de mon
passage.  Toute notre tranquillité à venir est dans leur
ignorance de ce qui s'est passé.

Alors il se pencha vers l'ouverture, prit la pierre, qu'il
25 souleva facilement malgré son poids, et la fit entrer dans
le trou.

— Cette pierre a été descellée bien négligemment,
dit-il en hochant la tête , vous n'avez donc pas d'outils?

---

11  *avait moins d'années = était plus jeune*

—Et vous, demanda Dantès avec étonnement, en avez-vous donc?

—Je m'en suis fait quelques-uns. Excepté une lime, j'ai tout ce qu'il me faut, ciseau, pince, levier.

5 —Oh ! je serais curieux de voir ces produits de votre patience et de votre industrie, dit Dantès.

—Tenez, voici d'abord un ciseau.

Et il lui montra une lame forte et aiguë emmanchée dans un morceau de bois de hêtre.

10 —Avec quoi avez-vous fait cela? dit Dantès.

—Avec une des fiches de mon lit. C'est avec cet instrument que je me suis creusé tout le chemin qui m'a conduit jusqu'ici ; cinquante pieds à peu près.

—Cinquante pieds ! s'écria Dantès avec une espèce 15 de terreur.

—Parlez plus bas, jeune homme, parlez plus bas ; souvent il arrive qu'on écoute aux portes des prisonniers.

—On me sait seul.

20 —N'importe.

—Et vous dites que vous avez percé cinquante pieds pour arriver jusqu'ici?

—Oui, telle est à peu près la distance qui sépare ma chambre de la vôtre ; seulement j'ai mal calculé ma 25 courbe, faute d'instruments de géométrie pour dresser mon échelle de proportion ; au lieu de quarante pieds d'ellipse il s'en est rencontré cinquante ; je croyais, ainsi que je vous l'ai dit, arriver jusqu'au mur extérieur, percer ce mur et me jeter à la mer. J'ai longé le corridor, contre 30 lequel donne votre chambre, au lieu de passer dessous ;

tout mon travail est perdu, car ce corridor donne sur une cour pleine de gardes.

—C'est vrai, dit Dantès; mais ce corridor ne longe qu'une face de ma chambre, et ma chambre en a quatre.

5    —Oui, sans doute, mais en voici d'abord une dont le rocher fait la muraille; il faudrait dix années de travail à dix mineurs munis de tous leurs outils pour percer le rocher; cette autre doit être adossée aux fondations de l'appartement du gouverneur; nous tomberions dans les 10 caves qui ferment évidemment à la clef et nous serions pris; l'autre face donne, attendez donc, où donne l'autre face?

Cette face était celle où était percée la meurtrière à travers laquelle venait le jour: cette meurtrière, qui allait 15 toujours en se rétrécissant jusqu'au moment où elle donnait entrée au jour, et par laquelle un enfant n'aurait certes pas pu passer, était en outre garnie par trois rangs de barreaux de fer qui pouvaient rassurer sur la crainte d'une évasion par ce moyen le geôlier le plus soup-20 çonneux.

Et le nouveau venu, en faisant cette question, traîna la table au-dessous de la fenêtre.

— Montez sur cette table, dit-il à Dantès.

Dantès obéit, monta sur la table, et, devinant les in-25 tentions de son compagnon, appuya le dos au mur et lui présenta les deux mains.

Celui qui s'était donné le nom du numéro de sa chambre et dont Dantès ignorait encore le véritable nom, monta alors plus lestement que n'eût pu le faire présager son âge, avec une habileté de chat ou de lézard, sur la table d'abord, puis de la table sur les mains de Dantès, puis de ses mains sur ses épaules ; ainsi courbé en deux, car la voûte du cachot l'empéchait de se redresser, il glissa sa 5 tête entre le premier rang de barreaux, et put plonger alors de haut en bas.

Un instant après il retira vivement la tête.

—Oh ! oh ! dit-il, je m'en étais douté.

Et il se laissa glisser le long du corps de Dantès sur la 10 table, et de la table sauta à terre.

—De quoi vous étiez-vous douté? demanda le jeune homme anxieux, en sautant à son tour auprès de lui.

Le vieux prisonnier méditait.

—Oui, dit-il, c'est cela ; la quatrième face de votre 15 cachot donne sur une galerie extérieure, espèce de chemin de ronde où passent les patrouilles et où veillent des sentinelles.

—Vous en êtes sûr?

—J'ai vu le schako du soldat et le bout de son fusil et 20 je ne me suis retiré si vivement que de peur qu'il m'aperçût moi-même.

—Eh bien? dit Dantès.

—Vous voyez bien qu'il est impossible de fuir par votre cachot.

25 —Alors? continua le jeune homme avec un accent interrogateur.

5 *plonger = regarder.*

15 *chemin de ronde* see *chemin.*

19 *schako* a tall military cap usually made of thick leather, such as was worn by French soldiers up to about 1870.

—Alors, dit le vieux prisonnier, que la volonté de Dieu soit faite?

Et une teinte de profonde résignation s'étendit sur les traits du vieillard.

5   Dantès regarda cet homme qui renonçait ainsi et avec tant de philosophie à une espérance nourrie depuis si longtemps, avec un étonnement mêlé d'admiration.

—Maintenant, voulez-vous me dire qui vous êtes? demanda Dantès.

10   —Oh ! mon Dieu, oui, si cela peut encore vous intéresser, maintenant que je ne puis plus vous être bon à rien.

—Vous pouvez être bon à me consoler et à me soutenir, car vous me semblez fort parmi les forts.

15   L'abbé sourit tristement.

—Je suis l'abbé Faria, dit-il, prisonnier depuis 1811.

— Mais pourquoi êtes-vous enfermé, vous?

—Moi? parce que j'ai rêvé en 1807 le projet que Napoléon a voulu réaliser en 1811 ; parce que, comme
20 Machiavel, au milieu de tous ces principicules qui faisaient de l'Italie un nid de petits royaumes tyranniques et faibles, j'ai voulu un grand et seul empire, compact et fort.   C'était le projet d'Alexandre VI et de Clément

10 *mon Dieu, oui*   why! yes.

20 *Machiavel* (1469–1527), a Florentine historian whose reputation rests on his work, "The Prince," in which he teaches that all means are permissible to reach one's ends.

23 *Alexandre VI*, a member of the Borgia family, was Pope from 1492 to 1503 — *Clément VII*, especially known for his quarrel with Henry VIII of England, was Pope from 1523 to 1534.   He belonged to the Medici family.

VII ; il échouera toujours, puisqu'ils l'ont entrepris in-
·utilement et que Napoléon n'a pu l'achever.

Et le vieillard baissa la tête.

Dantès ne comprenait pas comment un homme pouvait
5 risquer sa vie pour de pareils intérêts.

— N'êtes-vous pas, dit-il, commençant à partager
l'opinion de son geôlier, qui était l'opinion générale au
château d'If, le prêtre que l'on croit malade ?

— Que l'on croit fou, vous voulez dire, n'est-ce pas ?

10 — Je n'osais, dit Dantès en souriant.

— Oui, oui, continua Faria avec un rire amer ; oui,
c'est moi qui passe pour fou ; c'est moi qui divertis
depuis si longtemps les hôtes de cette prison, et qui
réjouirais les petits enfants, s'il y avait des enfants dans
15 le séjour de la douleur sans espoir.

Dantès demeura un instant immobile et muet.

— Ainsi vous renoncez à fuir ? lui dit-il.

— Je vois la fuite impossible ; c'est se révolter contre
Dieu que de tenter ce que Dieu ne veut pas qui s'accom-
20 plisse.

— Pourquoi vous décourager ? ce serait trop demander
aussi à la Providence que de vouloir réussir du premier
coup.  Ne pouvez-vous pas recommencer dans un autre
sens ce que vous avez fait dans celui-ci ?

25 — Mais savez-vous ce que j'ai fait pour parler ainsi de
recommencer ?  Savez-vous qu'il m'a fallu quatre ans
pour faire les outils que je possède ? savez-vous que depuis
deux ans je gratte et creuse une terre dure comme le
granit ?  Savez-vous qu'il m'a fallu déchausser des pierres

22 *du premier coup*  see *coup.*

qu'autrefois je n'aurais pas cru pouvoir remuer, que des
journées tout entières se sont passées dans ce labeur
titanique et que parfois, le soir, j'étais heureux quand
j'avais enlevé un pouce carré de ce vieux ciment, devenu
5 aussi dur que la pierre elle-même? Savez-vous que pour
loger toute cette terre et toutes ces pierres que j'enter-
rais, il m'a fallu percer la voûte d'un escalier, dans le
tambour duquel tous ces décombres ont été tour à tour
ensevelis ; si bien qu'aujourd'hui le tambour est plein, et
10 que je ne saurais plus où mettre une poignée de poussière ?
savez-vous, enfin, que je croyais toucher au but de tous
mes travaux, que je me sentais juste la force d'accomplir
cette tâche, et que voilà que Dieu non seulement recule
ce but, mais le transporte je ne sais où? Ah ! je vous le
15 dis, je vous le répète, je ne ferai plus rien désormais pour
essayer de reconquérir ma liberté, puisque la volonté de
Dieu est qu'elle soit perdue à tout jamais.

Edmond baissa la tête pour ne pas avouer à cet
homme que la joie d'avoir un compagnon l'empêchait de
20 compatir comme il eût dû à la douleur qu'éprouvait le
prisonnier de n'avoir pu se sauver.

L'abbé Faria se laissa aller sur le lit d'Edmond, et
Edmond resta debout.

Le jeune homme n'avait jamais songé à la fuite. Il y
25 a de ces choses qui semblent tellement impossibles qu'on
n'a pas même l'idée de les tenter et qu'on les évite
d'instinct. Creuser cinquante pieds sous la terre, consacrer à cette opération un travail de trois ans pour arriver, si on réussit, à un précipice donnant à pic sur la

22 *se laissa aller* see *aller*.　29 *donnant à pic* = *perpendiculaire.*

mer ; se précipiter de cinquante, de soixante, de cent
pieds peut-être, pour s'écraser, en tombant, la tête sur
quelque rocher, si la balle des sentinelles ne vous a point
déjà tué auparavant ; être obligé, si l'on échappe à tous
5 ces dangers, de faire en nageant une lieue, c'en était trop
pour qu'on ne se résignât point,· et nous avons vu que
Dantès avait failli pousser cette résignation jusqu'à la
mort.

Mais maintenant que le jeune homme avait vu un
10 vieillard se cramponner à la vie avec tant d'énergie et lui
donner l'exemple des résolutions désespérées, il se mit à
réfléchir et à mesurer son courage.   Un autre avait tenté
ce qu'il n'avait pas même eu l'idée de faire ; un autre
moins jeune, moins fort, moins adroit que lui, s'était pro-
15 curé, à force d'adresse et de patience, tous les instruments dont il avait eu besoin pour cette incroyable
opération, qu'une mesure mal prise avait pu seule faire
échouer ; un autre avait fait tout cela, rien n'était donc
impossible à Dantès : Faria avait percé cinquante pieds,
20 il en percerait cent ; Faria, à cinquante ans, avait mis
trois ans à son œuvre ; il n'avait que la moitié de l'âge de
Faria, lui, il en mettrait six ; Faria, abbé, savant, homme
d'église, n'avait pas craint de risquer la traversée du
château d'If à l'île de Daume ou de Tiboulen ; lui, Ed-
25 mond le marin, lui, Dantès le hardi plongeur, qui avait
été si souvent chercher une branche de corail au fond de
la mer, hésiterait-il donc à faire une lieue en nageant ? que
fallait-il pour faire une lieue en nageant ? une heure ?
Eh bien ! n'était-il donc pas resté des heures entières à

22 *homme d'église = prêtre.*      27 *que = combien de temps.*

la mer sans reprendre pied sur le rivage ! Non, non,
Dantès n'avait besoin que d'être encouragé par un ex-
emple. Tout ce qu'un autre a fait ou aurait pu faire,
Dantès le fera.

5    Le jeune homme réfléchit un instant.

— J'ai trouvé ce que vous cherchiez, dit-il au vieillard.
Faria tressaillit.

— Vous? dit-il, et en relevant la tête d'un air qui
indiquait que si Dantès disait la vérité, le découragement
10 de son compagnon ne serait pas de longue durée ; vous,
voyons, qu'avez-vous trouvé?

— Le corridor que vous avez percé pour venir de chez
vous ici s'étend dans le même sens que la galerie extérieure, n'est-ce pas?

15    — Oui.

— Il doit n'en être éloigné que d'une quinzaine de pas?

— Tout au plus.

— Eh bien ! vers le milieu du corridor nous perçons
un chemin formant comme la branche d'une croix.
20 Cette fois vous prenez mieux vos mesures. Nous
débouchons sur la galerie extérieure. Nous tuons la
sentinelle et nous nous évadons. Il ne faut, pour que ce
plan réussisse, que du courage, vous en avez ; que de la
vigueur, je n'en manque pas. Je ne parle pas de la
25 patience, vous avez fait vos preuves et je ferai les miennes.

— Un instant, répondit l'abbé ; vous n'avez pas su,
mon cher compagnon, de quelle espèce est mon courage,
et quel emploi je compte faire de ma force. Quant à la
patience, je crois avoir été assez patient en recommençant

1 *reprendre pied* see *pied*.    12 *chez vous = votre chambre.*

chaque matin la tâche de la nuit, et chaque nuit la tâche du jour. Mais alors écoutez-moi bien, jeune homme, c'est qu'il me semblait que je servais Dieu en délivrant une de ses créatures qui, étant innocente, n'avait pu être con-5 damnée.

—Eh bien ! demanda Dantès, la chose n'en est-elle pas au même point, et vous êtes-vous reconnu coupable depuis que vous m'avez rencontré dites?

— Non, mais je ne veux pas le devenir. Jusqu'ici je 10 croyais n'avoir affaire qu'aux choses, voilà que vous me proposez d'avoir affaire aux hommes. J'ai pu percer un mur et détruire un escalier, mais je ne percerai pas une poitrine et ne détruirai pas une existence.

Dantès fit un léger mouvement de surprise.

15 — Comment, dit-il, pouvant être libre, vous seriez retenu par un semblable scrupule?

—Mais, vous-même, dit Faria, pourquoi n'avez-vous pas un soir assommé votre geôlier avec le pied de votre table, revêtu ses habits et essayé de fuir?

20 —C'est que l'idée ne m'en est pas venue, dit Dantès.

—C'est que vous avez une telle horreur instinctive pour un pareil crime, une telle horreur que vous n'y avez pas même songé, reprit le vieillard.

Dantès resta confondu : c'était en effet l'explication 25 de ce qui s'était passé à son insu dans son esprit.

— Et puis ! continua Faria, depuis tantôt douze ans que je suis en prison, j'ai repassé dans mon esprit toutes les évasions célèbres. Je n'ai vu réussir que rarement les évasions. Les évasions heureuses, les évasions couronnées 30 d'un plein succès, sont les évasions méditées avec soin et lentement préparées ; c'est ainsi que le duc de Beaufort s'est échappé du château de Vincennes et Latude de la Bastille. Il y a encore celles que le hasard peut offrir : celles-là sont les meilleures ; attendons une occasion, 5 croyez-moi, et si cette occasion se présente, profitons-en.

—Vous avez pu attendre, vous, dit Dantès en soupirant ; ce long travail vous faisait une occupation de tous les instants, et quand vous n'aviez pas votre travail pour vous distraire, vous aviez vos espérances pour vous 10 consoler.

—Puis, dit l'abbé, je ne m'occupais point qu'à cela.

—Que faisiez-vous donc ?

—J'écrivais ou j'étudiais.

—On vous donne donc du papier, des plumes, de 15 l'encre ?

—Non, dit l'abbé, mais je m'en fais.

—Vous vous faites du papier, des plumes et de l'encre ? s'écria Dantès.

—Oui.

20 Dantès regarda cet homme avec admiration ; seulement il avait encore peine à croire ce qu'il disait. Faria s'aperçut de ce léger doute.

—Quand vous viendrez chez moi, lui dit-il, je vous montrerai un ouvrage entier, résultat des pensées, des 25 recherches et des réflexions de toute ma vie. C'est un

---

1 *le duc de Beaufort* was imprisoned in the Vincennes fortress near Paris by Cardinal Mazarin, but he made his escape six years later.

2 *Latude* an adventurer who escaped three times from the prisons where he had been confined. When the French Revolution broke out in 1789, he became popular with the populace, and died in good *circumstances* in 1805.

*Traité sur la possibilité d'une monarchie générale en Italie.*
Ce fera un grand volume in-quarto.

— Et vous l'avez écrit?

— Sur deux chemises. J'ai inventé une préparation
5 qui rend le linge lisse et uni comme le parchemin.

— Vous êtes donc chimiste?

— Un peu. J'ai connu Lavoisier et j'étais lié avec
Cabanis.

— Mais, pour un pareil ouvrage, il vous a fallu faire des
10 recherches historiques. Vous aviez donc des livres?

— À Rome, j'avais à peu près cinq mille volumes dans
ma bibliothèque. À force de les lire et de les relire, j'ai
découvert qu'avec cent cinquante ouvrages bien choisis
on a, sinon le résumé complet des connaissances humaines,
15 du moins tout ce qu'il est utile à un homme de savoir. J'ai
consacré trois années de ma vie à lire et à relire ces cent
cinquante volumes, de sorte que je les savais à peu près
par cœur lorsque j'ai été arrêté. Dans ma prison, avec
un léger effort de mémoire, je me les suis rappelés tout à
20 fait. Ainsi pourrais-je vous réciter Thucydide, Xénophon,

7 *Lavoisier* a famous French chemist born in 1743 and guillotined
under the Reign of Terror in 1794.

8 *Cabanis*. a celebrated French physician and the friend of Mira-
beau, the great Revolutionary orator (1757-1808).

11 *Rome* where Faria lived before being imprisoned. See the
history of his own life, page 72 and following.

20 *Thucydide* (471-401 B C), *Xénophon* (430-357 B C), *Plutarque*
(50-120 A D), were famous Greek historians; *Tite-Live* (Eng. Livy)
(59 B.C. to 17 A.D), *Tacite* (54-117 A.D), were Roman historians,
*Dante* (1265-1321) was the poet of the "Divine Comedy"; *Montaigne*
(1533-1592) was a French philosopher; *Shakespeare* (1564-1616);
*Spinosa* (1632-1677) was a Dutch philosopher, *Bossuet* (1627-1704) was
a French bishop, and one of the greatest orators France ever produced.

Plutarque, Tite-Live, Tacite, Dante, Montaigne, Shakespeare, Spinosa, et Bossuet.   Je ne vous cite que les plus
importants.

— Mais vous savez donc plusieurs langues ?

5    — Je parle cinq langues vivantes, l'allemand, le français,
l'italien, l'anglais et l'espagnol ; à l'aide du grec ancien je
comprends le grec moderne ; seulement je le parle mal,
mais je l'étudie en ce moment.

— Vous l'étudiez ? dit Dantès.

10    — Oui, je me suis fait un vocabulaire des mots que je
sais; je les ai arrangés, combinés, tournés et retournés, de
façon à ce qu'ils puissent me suffire pour exprimer ma
pensée.

De plus en plus émerveillé, Edmond commençait à
15 trouver presque surnaturelles les facultés de cet homme
étrange, il voulut le trouver en défaut sur un point quelconque, il continua :

— Mais si l'on ne vous a pas donné de plumes, dit-il,
avec quoi avez-vous pu écrire ce traité si volumineux ?

20    — Je m'en suis fait d'excellentes, et que l'on préfére-
rait aux plumes ordinaires si la matière était connue, avec
les cartilages des têtes de ces énormes merlans que l'on
nous sert quelquefois pendant les jours maigres.   Aussi
vois-je toujours arriver les mercredis, les vendredis et les
25 samedis avec grand plaisir, car ils me donnent l'espérance
d'augmenter ma provision de plumes, et mes travaux
historiques sont, je l'avoue, ma plus douce occupation.
En descendant dans le passé, j'oublie le présent ; en

16 *trouver en défaut*   see *défaut.*

marchant libre et indépendant dans l'histoire, je ne me souviens plus que je suis prisonnier.

— Mais de l'encre? dit Dantès; avec quoi vous êtes-vous fait de l'encre?

5 — Il y avait autrefois une cheminée dans mon cachot, dit Faria ; cette cheminée a été bouchée quelque temps avant mon arrivée, sans doute, mais pendant de longues années on y avait fait du feu : tout l'intérieur en est donc tapissé de suie. Je fais dissoudre cette suie dans une 10 portion du vin qu'on me donne tous les dimanches, cela me fournit de l'encre excellente. Pour les notes particulières et qui ont besoin d'attirer les yeux, je me pique les doigts et j'écris avec mon sang.

— Et quand pourrai-je voir tout cela? demanda Dantès.

15 — Quand vous voudrez, répondit Faria.

— Oh ! tout de suite ! s'écria le jeune homme.

— Suivez-moi donc, dit l'abbé.

Et il rentra dans le corridor souterrain où il disparut. Dantès le suivit.


## LA CHAMBRE DE L'ABBÉ

20 Après avoir passé en se courbant, mais cependant avec assez de facilité, par le passage souterrain, Dantès arriva à l'extrémité opposée du corridor qui donnait dans la chambre de l'abbé. Là, le passage se rétrécissait et offrait à peine l'espace suffisant pour qu'un homme put se 25 glisser en rampant. La chambre de l'abbé était dallée ; c'était en soulevant une de ces dalles placée dans le coin

le plus obscur qu'il avait commencé la laborieuse opération dont Dantès avait vu la fin.

À peine entré et debout, le jeune homme examina
cette chambre avec grande attention. Au premier
5 aspect elle ne présentait rien de particulier.

— Bon, dit l'abbé, il n'est que midi un quart, et nous
avons encore quelques heures devant nous.

Dantès regarda autour de lui, cherchant à quelle
horloge l'abbé avait pu lire l'heure d'une façon si
10 précise.

— Regardez ce rayon du jour qui vient par ma fenêtre,
dit l'abbé, et regardez sur le mur les lignes que j'ai
tracées. Grâce à ces lignes, qui sont combinées avec le
double mouvement de la terre et l'ellipse qu'elle décrit
15 autour du soleil, je sais plus exactement l'heure que si
j'avais une montre, car une montre se dérange, tandis
que le soleil et la terre ne se dérangent jamais.

— Voyons, dit-il à l'abbé, j'ai hâte d'examiner vos
trésors.

20 L'abbé alla vers la cheminée, déplaça avec le ciseau
qu'il tenait toujours à la main la pierre qui formai;
autrefois l'âtre et qui cachait une cavité assez profonde;
c'était dans cette cavité qu'étaient renfermés tous les
objets dont il avait parlé à Dantès.

25 — Que voulez-vous voir d'abord? lui demanda-t-il.

— Montrez-moi votre grand ouvrage sur la royauté
en Italie.

Faria tira de l'armoire précieuse trois ou quatre
rouleaux de linge tournés sur eux-mêmes, comme des

29 *tournés sur eux-mêmes = roulés.*

feuilles de papyrus : c'étaient des bandes de toile larges de quatre pouces à peu près et longues de dix-huit. Ces bandes, numérotées, étaient couvertes d'une écriture que Dantès put lire, car elles étaient écrites dans la langue 5 maternelle de l'abbé, c'est à dire en italien, idiome qu'en sa qualité de Provençal Dantès comprenait parfaitement.

— Voyez, lui dit-il, tout est là ; il y a huit jours à peu près que j'ai écrit le mot *fin* au bas de la soixante-huitième bande. Deux de mes chemises et tout ce que 10 j'avais de mouchoirs y a passé ; si jamais je redeviens libre et qu'il se trouve dans toute l'Italie un imprimeur qui ose m'imprimer, ma réputation est faite.

— Oui, répondit Dantès, je vois bien. Et maintenant montrez-moi donc, je vous prie, les plumes avec 15 lesquelles a été écrit cet ouvrage.

— Voyez, dit Faria.

Et il montra au jeune homme un petit bâton long de six pouces, gros comme le manche d'un pinceau, au bout et autour duquel était lié par un fil un de ces cartillages, 20 encore taché par l'encre, dont l'abbé avait parlé à Dantès ; il était allongé en bec et fendu comme une plume ordinaire.

Dantès l'examina, cherchant des yeux l'instrument avec lequel il avait pu être taillé d'une façon si correcte.

6 *Provençal*, a native of the old Province of Provence, the capital of which was Aix, and which, when divided up by the Assemblée Constituante (1789-1791), formed the Departments of Basses-Alpes, Bouches-du-Rhône and part of those of Drôme, Var, and Vaucluse.

7 *huit jours* · see note, page 13, l. 24.

10 *y a passé :* see *passer*.

21 *en bec* see *bec*

—Ah ! oui, dit Faria, le canif, n'est-ce pas ? C'est mon chef-d'œuvre ; je l'ai fait, ainsi que le couteau que voici, avec un vieux chandelier de fer.

Le canif coupait comme un rasoir.  Quant au couteau, 5 il avait cet avantage qu'il pouvait servir tout à la fois de couteau et de poignard.

Dantès examina ces différents objets avec la même attention que, dans les boutiques de curiosités de Marseille, il avait examiné parfois ces instruments exécutés 10 par des sauvages et rapportés des mers du Sud par les capitaines au long cours.

—Quant à l'encre, dit Faria, vous savez comment je procède ; je la fais à mesure que j'en ai besoin.

—Maintenant je m'étonne d'une chose, dit Dantès, 15 c'est que les jours vous aient suffi pour toute cette besogne.

—J'avais les nuits, répondit Faria.

—Les nuits ! êtes-vous donc de la nature des chats et voyez-vous clair pendant la nuit ?

20 —Non ; mais Dieu a donné à l'homme l'intelligence pour venir en aide à la pauvreté de ses sens : je me suis procuré de la lumière.

—Comment cela ?

—De la viande qu'on m'apporte je sépare la graisse, 25 je la fais fondre et j'en tire une espèce d'huile compacte. Tenez, voilà ma bougie.

Et l'abbé montra à Dantès une espèce de lampion

---

8 *Marseille*  see note, page 11, l 16.

10 *mers du Sud*  the Indian and Pacific oceans.

11 *capitaines au long cours* . see *capitaine.*

pareil à ceux qui servent dans les illuminations pu-
bliques.

— Mais du feu?

— Voici deux cailloux et du linge brûlé.

5  — Mais des allumettes?

— J'ai feint une maladie de peau, et j'ai demandé du
soufre, que l'on m'a accordé.

Dantès posa les objets qu'il tenait sur la table et
baissa la tête, écrasé sous la persévérance et la force de
10 cet esprit.

— Ce n'est pas tout, continua Faria ; car il ne faut
pas mettre tous ses trésors dans une seule cachette ;
refermons celle-ci.

Ils posèrent la dalle à sa place ; l'abbé sema un peu
15 de poussière dessus, y passa son pied pour faire disparaître toute trace de solution de continuité, s'avança
vers son lit et le déplaça.

Derrière le chevet, caché par une pierre qui le refermait avec une herméticité presque parfaite, était un trou,
20 et dans ce trou une échelle de corde longue de vingt-
cinq à trente pieds.

Dantès l'examina : elle était d'une solidité à toute
épreuve.

— Qui vous a fourni la corde nécessaire à ce mer-
25 veilleux ouvrage? demanda Dantès.

— D'abord quelques chemises que j'avais, puis les
draps de mon lit que j'ai effilés.

---

16 *solution de continuité*  see *continuité.*
22 *à toute épreuve.* see *épreuve*

— Mais ne s'apercevait-on pas que les draps de votre lit n'avaient plus d'ourlet.

— Je les recousais.

— Avec quoi?

5    — Avec cette aiguille.

Et l'abbé ouvrant un lambeau de ses vêtements, montra à Dantès une arête longue, aiguë et encore enfilée, qu'il portait sur lui.

— Oui, continua Faria, j'avais d'abord songé à des-
10 celler ces barreaux et à fuir par cette fenêtre, qui est un peu plus large que la vôtre, comme vous voyez, et que j'eusse élargie encore au moment de mon évasion ; mais je me suis aperçu que cette fenêtre donnait sur une cour intérieure, et j'ai renoncé à mon projet comme trop
15 chanceux.    Cependant j'ai conservé l'échelle pour une circonstance imprévue, pour une de ces évasions dont je vous parlais, et que le hasard procure.

Le vieux prisonnier était un de ces hommes dont la conversation, comme celle des gens qui ont beaucoup
20 souffert, contient des enseignements nombreux et ren-ferme un intérêt soutenu, et Dantès comprit le bonheur qu'il y aurait pour une organisation intelligente à suivre cet esprit élevé sur les hauteurs morales, philosophiques ou sociales sur lesquelles il avait l'habitude de se tenir.

25    — Vous devrez m'apprendre un peu de ce que vous savez, dit Dantès, ne fût-ce que pour ne pas vous ennuyer avec moi.    Il me semble maintenant que vous devez préférer la solitude à un compagnon sans éducation et sans portée comme moi.    Si vous consentez à ce que je

26 *ne fût-ce que.* see *être.*

vous demande, je m'engage à ne plus vous parler de
fuir.

L'abbé sourit.

.  — Hélas ! mon enfant, dit-il, la science humaine est
5 bien bornée, et quand je vous aurai appris les mathématiques, la physique, l'histoire et les trois ou quatre
langues vivantes que je parle, vous saurez ce que je sais :
or, toute cette science, je serai deux ans à peine à la
verser de mon esprit dans le vôtre.

10   — Voyons, dit Dantès, que m'apprendrez-vous d'abord ?
J'ai hâte de commencer, j'ai soif de science.

— Tout ! dit l'abbé.

En effet, dès le soir, les deux prisonniers arrêtèrent
un plan d'éducation qui commença de s'exécuter le
15 lendemain.   Dantès avait une mémoire prodigieuse, une
facilité de conception extrême : la disposition mathématique de son esprit le rendait apte à tout comprendre
par le calcul, tandis que la poésie du marin corrigeait
tout ce que pouvait avoir de trop matériel la démonstra-
20 tion réduite à la sécheresse des chiffres ou à la rectitude
des lignes ; il savait déjà d'ailleurs l'italien et un peu de
romaïque qu'il avait appris dans ses voyages d'Orient
Avec ces deux langues il comprit bientôt le mécanisme
de toutes les autres, et, au bout de six mois, il com-
25 mençait à parler l'espagnol, l'anglais et l'allemand.

Comme il l'avait dit à l'abbé Faria, soit que la distraction que lui donnait l'étude lui tînt lieu de liberté,

4 *mon enfant.* trans. *my friend,* not *my child.*

18 *poési* poetical disposition, temperament.

22 *romaïque* the name given to the Low-Greek language used during the medieval period.

soit qu'il fût, comme nous l'avons vu déjà, rigide obser-
vateur de sa parole, il ne parlait plus de fuir, et les
journées s'écoulaient pour lui rapides et instructives.   Au
bout d'un an c'était un autre homme.

5    Quant à l'abbé Faria, Dantès remarquait que, malgré
la distraction que sa présence avait apportée à sa
captivité, il s'assombrissait tous les jours.   Une pensée
incessante et éternelle paraissait assiéger son esprit ; il
tombait dans de profondes rêveries, soupirait involon-
10 tairement, se levait tout à coup, croisait les bras, et se
promenait sombre autour de sa prison.

Un jour il s'arrêta tout à coup au milieu d'un de ces
cercles cent fois répétés qu'il décrivait autour de sa
chambre, et s'écria :

15    — Ah ! s'il n'y avait pas de sentinelle !

— Il n'y aura de sentinelle qu'autant que vous le
voudrez bien, dit Dantès qui avait suivi sa pensée à
travers la boîte de son cerveau comme à travers un
cristal.

20    — Ah ! je vous l'ai dit, reprit l'abbé, je répugne à un
meurtre.

— Et cependant ce meurtre, s'il est commis, le sera par
l'instinct de notre conservation, par un sentiment de défense personnelle.

25    — N'importe, je ne saurais.

— Vous y pensez, cependant ?

— Sans cesse, sans cesse, murmura l'abbé.

---

18 *boîte de son cerveau*  see *cerveau*

25 *N'importe, je ne saurais*  see *savoir*.  Note the elliptical form of
*the sentence.*

— Et vous avez trouvé un moyen, n'est-ce pas ? dit
vivement Dantès.

— Oui, s'il arrivait qu'on pût mettre sur la galerie une
sentinelle aveugle et sourde.

5    — Elle sera aveugle, elle sera sourde, répondit le jeune
homme avec un accent de résolution qui épouvanta l'abbé.

— Non, non ! s'écria-t-il ; impossible.

Dantès voulut le retenir sur ce sujet, mais l'abbé secoua
la tête et refusa de répondre davantage.

10    Trois mois s'écoulèrent.

— Êtes-vous fort ? demanda un jour l'abbé à Dantès.

Dantès, sans répondre, prit le ciseau, le tordit comme
un fer à cheval et le redressa.

— Vous engageriez-vous à ne tuer la sentinelle qu'à la
15 dernière extrémité ?

— Oui, sur l'honneur.

— Alors, dit l'abbé, nous pourrons exécuter notre
dessein.

— Et combien nous faudra-t-il de temps pour l'exé-
20 cuter ?

— Un an, au moins.

— Mais nous pourrions nous mettre au travail ?

— Tout de suite.

— Oh ! voyez donc, nous avons perdu un an, s'écria
25 Dantès.

— Trouvez-vous que nous l'ayons perdu ? dit l'abbé.

— Oh ! pardon, pardon, s'écria Edmond rougissant.

— Chut ! dit l'abbé ; l'homme n'est jamais qu'un

---

16 *sur l'honneur*  in English we use the possessive instead of definite article.

homme ; et vous êtes encore un des meilleurs que j'aie connus. Tenez, voici mon plan.

L'abbé montra alors à Dantès un dessin qu'il avait tracé : c'était le plan de sa chambre, de celle de Dantès 5 et du corridor qui joignait l'une à l'autre. Au milieu de cette galerie, il établissait un boyau pareil à celui qu'on pratique dans les mines. Ce boyau menait les deux prisonniers sous la galerie où se promenait la sentinelle ; une fois arrivés là, ils pratiquaient une large excavation, 10 descellaient une des dalles qui formaient le plancher de la galerie ; la dalle, à un moment donné, s'enfonçait sous le poids du soldat, qui disparaissait englouti dans l'excavation : Dantès se précipitait sur lui au moment où, tout étourdi de sa chute, il ne pouvait se défendre, le liait, le 15 bâillonnait, et tous deux alors, passant par une des fenêtres de cette galerie, descendaient le long de la muraille extérieure à l'aide de l'échelle de corde et se sauvaient.

Dantès battit des mains et ses yeux étincelèrent de joie , ce plan était si simple qu'il devait réussir.

20   Le même jour les mineurs se mirent à l'ouvrage avec d'autant plus d'ardeur que ce travail succédait à un long repos, et ne faisait, selon toute probabilité, que continuer la pensée intime et secrète de chacun d'eux.

Rien ne les interrompait que l'heure à laquelle chacun 25 d'eux était forcé de rentrer chez soi pour recevoir la visite du geôlier. Ils avaient, au reste, pris l'habitude de distinguer, au bruit imperceptible des pas, le moment où cet homme descendait, et jamais ni l'un ni l'autre ne fut pris à l'improviste. La terre qu'ils extrayaient de la nouvelle

18 *battit des mains* . see *main.*

galerie, et qui eût fini par combler l'ancien corridor, était
jetée petit à petit, et avec des précautions inouïes, par
l'une ou l'autre des deux fenêtres du cachot de Dantès ou
du cachot de Faria : on la pulvérisait avec soin, et le vent
5 de la nuit l'emportait au loin sans qu'elle laissât de traces.

Plus d'un an se passa à ce travail exécuté avec un ciseau,
un couteau et un levier de bois pour tous instruments.

## PRÉSAGE DE MORT

Au bout de quinze mois, le trou était achevé ; l'excavation était faite sous la galerie ; on entendait passer et
10 repasser la sentinelle, et les deux ouvriers, qui étaient
forcés d'attendre une nuit obscure et sans lune pour
rendre leur évasion plus certaine encore, n'avaient plus
qu'une crainte : c'était de voir le sol trop hâtif s'effondrer
de lui-même sous les pieds du soldat. On obvia à cet
15 inconvénient en plaçant une espèce de petite poutre,
qu'on avait trouvée dans les fondations, comme un support. Dantès était occupé à la placer, lorsqu'il entendit
tout à coup l'abbé Faria, resté dans la chambre du jeune
homme, où il s'occupait de son côté à aiguiser une che-
20 ville destinée à maintenir l'échelle de cordes, qui l'appelait avec un accent de détresse, Dantès rentra vivement,
et aperçut l'abbé, debout au milieu de la chambre, pâle,
la sueur au front et les mains crispées.

—Oh ! mon Dieu ! s'écria Dantès, qu'y a-t-il, et
25 qu'avez-vous donc ?

—Vite, vite ! dit l'abbé, écoutez-moi.

Dantès regarda le visage livide de Faria, ses yeux cernés d'un cercle bleuâtre, ses lèvres blanches, ses cheveux hérissés ; et, d'épouvante, il laissa tomber à terre le ciseau qu'il tenait à la main..

5    — Mais qu'y a-t-il donc ? s'écria Edmond.

— Je suis perdu ! dit l'abbé ; écoutez-moi. Un mal terrible, mortel peut-être, va me saisir ; l'accès arrive, je le sens : déjà j'en fus atteint l'année qui précéda mon incarcération. À ce mal il n'est qu'un remède, je vais
10 vous le dire : courez vite chez moi, levez le pied du lit ; ce pied est creux, vous y trouverez un petit flacon de cristal à moitié plein d'une liqueur rouge, apportez-le ; ou plutôt, non, non, je pourrais être surpris ici ; aidez-moi à rentrer chez moi pendant que j'ai encore quelques
15 forces.   Qui sait ce qui va arriver le temps que durera l'accès ?

Dantès, sans perdre la tête, bien que le malheur qui le frappait fût immense, descendit dans le corridor, traînant son malheureux compagnon après lui, et le conduisant,
20 avec une peine infinie, jusqu'à l'extrémité opposée, se retrouva dans la chambre de l'abbé qu'il déposa sur son lit.

— Merci, dit l'abbé, frissonnant de tous ses membres comme s'il sortait d'une eau glacée.   Voici le mal qui
25 vient, je vais tomber en catalepsie ; peut-être ne ferai-je pas un mouvement, peut-être ne jetterai-je pas une plainte ; mais peut-être aussi j'écumerai, je me raidirai, je crierai ; tâchez que l'on n'entende pas mes cris, c'est l'important, car alors peut-être me changerait-on de chambre, et nous
30 serions séparés à tout jamais.   Quand vous me verrez

immobile, froid et mort, pour ainsi dire, seulement à cet instant, entendez-vous bien, desserrez-moi les dents avec le couteau, faites couler dans ma bouche huit à dix gouttes de cette liqueur, et peut-être reviendrai-je.

5 — Peut-être ? s'écria douloureusement Dantès.

— À moi ! à moi ! s'écria l'abbé, je me... je me m...

L'accès fut si subit et si violent que le malheureux prisonnier ne put même achever le mot commencé ; un nuage passa sur son front, rapide et sombre comme les 10 tempêtes de la mer ; la crise dilata ses yeux, tordit sa bouche, empourpra ses joues ; il s'agita, écuma, rugit : mais ainsi qu'il l'avait recommandé lui-même, Dantès étouffa ses cris sous sa couverture. Cela dura deux heures. Alors, plus inerte, plus pâle et plus froid que le 15 marbre, plus brisé qu'un roseau foulé aux pieds, il tomba, se raidit encore dans une dernière convulsion et devint livide.

Edmond attendit que cette mort apparente eût envahi le corps et glacé jusqu'au cœur ; alors il prit le couteau, 20 introduisit la lame entre les dents, desserra avec une peine infinie les mâchoires crispées, compta l'une après l'autre dix gouttes de la liqueur rouge, et attendit.

Une heure s'écoula sans que le vieillard fît le moindre mouvement. Dantès craignait d'avoir attendu trop tard, 25 et le regardait les deux mains enfoncées dans ses cheveux. Enfin une légère coloration parut sur ses joues, ses yeux, constamment restés ouverts et atones, reprirent leur regard, un faible soupir s'échappa de sa bouche, il fit un mouvement.

6 *je me m.. = je me meurs.*

—Sauvé ! sauvé ! s'écria Dantès.

Le malade ne pouvait point parler encore, **mais** il étendit avec une anxiété visible la main vers la porte. Dantès écouta, et entendit les pas du geôlier : il allait 5 être sept heures et Dantès n'avait pas eu le loisir de mesurer le temps.

Le jeune homme bondit vers l'ouverture, s'y enfonça replaça la dalle au-dessus de sa tête, et rentra chez lui.

Un instant après sa porte s'ouvrit à son tour, et le 10 geôlier, comme d'habitude, trouva le prisonnier assis sur son lit.

À peine eut-il le dos tourné, à peine le bruit des pas se fut-il perdu dans le corridor, que Dantès dévoré d'inquiétude, reprit, sans songer à manger, le chemin qu'il venait 15 de faire, et, soulevant la dalle avec sa tête, rentra dans la chambre de l'abbé.

Celui-ci avait repris connaissance, mais il était toujours étendu, inerte et sans force, sur son lit.

— Je ne comptais plus vous revoir, dit-il à Dantès.

20    — Pourquoi cela? demanda le jeune homme ; comptiez-vous donc mourir?

— Non ; mais tout est prêt pour votre fuite, et je comptais que vous fuiriez.

La rougeur de l'indignation colora les joues de Dantès.

25    —Sans vous ! s'écria-t-il ; m'avez-vous véritablement cru capable de cela?

— À présent, je vois que je m'étais trompé, dit le malade.   Ah ! je suis bien faible, bien brisé, bien anéanti.

—Courage, vos forces reviendront, dit Dantès, s'assey-30 ant près du lit de Faria et lui prenant les mains.

L'abbé secoua la tête.

— La dernière fois, dit-il, l'accès dura une demi-heure, après quoi j'eus faim et me relevai seul ; aujourd'hui, je ne puis remuer ni ma jambe ni mon bras droit ; ma tête
5 est embarrassée, ce qui prouve un épanchement au cerveau. La troisième fois, j'en resterai paralysé entièrement ou je mourrai sur le coup.

— Non, non, rassurez-vous, vous ne mourrez pas ; ce troisième accès, s'il vous prend, vous trouvera libre. Nous
10 vous sauverons comme cette fois, et mieux que cette fois, car nous aurons tous les secours nécessaires.

— Mon ami, dit le vieillard, ne vous abusez pas, la crise qui vient de se passer m'a condamné a une prison perpétuelle : pour fuir, il faut pouvoir marcher.
15 — Eh bien ! nous attendrons huit jours, un mois, deux mois, s'il le faut ; dans cet intervalle, vos forces reviendront ; tout est préparé pour notre fuite, et nous avons la liberté d'en choisir l'heure et le moment. Le jour où vous vous sentirez assez de forces pour nager, eh bien ! ce
20 jour-là, nous mettrons notre projet à exécution.

— Je ne nagerai plus, dit Faria, ce bras est paralysé, non pas pour un jour, mais à jamais. Soulevez-le vous-même, et voyez ce qu'il pèse.

Le jeune homme souleva le bras, qui retomba insensi-
25 ble. Il poussa un soupir.

— Vous êtes convaincu, maintenant, n'est-ce pas, Edmond ? dit Faria, croyez-moi, je sais ce que je dis : depuis la première attaque que j'ai eue de ce mal, je n'ai pas cessé d'y réfléchir. Je l'attendais, car c'est un héri-

7 *sur le coup* · see *coup*.   15 *huit jours*. cf. note, page 13, l. 24.

tage de famille ; mon père est mort à la troisième crise,
mon aieul aussi. Le médecin qui m'a composé cette
liqueur, et qui n'est autre que le fameux Cabanis, m'a
prédit le même sort.

5    — Le médecin se trompe, s'écria Dantès ; quant à
votre paralysie, elle ne me gêne pas, je vous prendrai sur
mes épaules et je nagerai en vous soutenant.

— Enfant, dit l'abbé, vous êtes marin, vous êtes nageur,
vous devez par conséquent savoir qu'un homme chargé
10 d'un fardeau pareil ne ferait pas cinquante brasses dans
la mer  Cessez de vous laisser abuser par des chimères
dont votre excellent cœur n'est pas même la dupe : je resterai donc ici jusqu'à ce que sonne l'heure de ma délivrance, qui ne peut plus être maintenant que celle de la
15 mort.  Quant à vous, fuyez, partez !  Vous êtes jeune,
adroit et fort, ne vous inquiétez pas de moi, je vous rends
votre parole.

— C'est bien, dit Dantès.  Eh bien ! alors, moi aussi,
je resterai ; je jure de ne vous quitter qu'à votre mort !

20   Faria considéra ce jeune homme si noble, si simple, si
élevé, et lut sur ses traits animés par l'expression du
dévouement le plus pur, la sincérité de son affection et la
loyauté de son serment.

— Allons, dit le malade, j'accepte, merci.

25 Puis, lui tendant la main :

— Vous serez peut-être récompensé de ce dévouement
si désintéressé, lui dit-il ; mais comme je ne puis et que
vous ne voulez pas partir, il importe que nous bouchions le
souterrain fait sous la galerie · le soldat peut découvrir en

3 *Cabanis*  see note, page 49, l. 8.

marchant la sonorité de l'endroit miné, appeler l'attention d'un inspecteur, et alors nous serions découverts et séparés. Allez faire cette besogne, dans laquelle je ne puis plus malheureusement vous aider ; employez-y toute la
5 nuit, s'il le faut, et ne revenez que demain matin après la visite du geôlier, j'aurai quelque chose d'important à vous dire.

Dantès prit la main de l'abbé, qui le rassura par un sourire, et sortit avec cette obéissance et ce respect qu'il
10 avait voués à son vieil ami.


## LE TRÉSOR

Lorsque Dantès rentra le lendemain matin dans la chambre de son compagnon de captivité, il trouva Faria assis, le visage calme.

Sous le rayon qui glissait à travers l'étroite fenêtre de
15 sa cellule, il tenait ouvert dans sa main gauche, la seule, on se le rappelle, dont l'usage lui fût resté, un morceau de papier, auquel l'habitude d'être roulé en un mince volume avait imprimé la forme d'un cylindre rebelle à s'étendre.

20 Il montra sans rien dire le papier à Dantès.

— Qu'est-ce cela ? demanda celui-ci.

— Regardez bien, dit l'abbé en souriant.

— Je regarde de tous mes yeux, dit Dantès, et je ne vois rien qu'un papier à demi brûlé, et sur lequel sont
25 tracés des caractères gothiques avec une encre singulière.

— Ce papier, mon ami, dit Faria, est, je puis vous tout

avouer maintenant puisque je vous ai éprouvé, ce papier c'est mon trésor, dont à compter d'aujourd'hui la moitié vous appartient.

—Votre trésor? balbutia Dantès.

5    Faria sourit.

—Oui, dit-il ; en tout point vous êtes un noble cœur, Edmond, et je comprends, à votre pâleur et à votre frisson, ce qui se passe en vous en ce moment. Non, soyez tranquille, je ne suis pas fou. Ce trésor existe, 10 Dantès, et s'il ne m'a pas été donné de le posséder, vous le posséderez, vous : personne n'a voulu m'écouter ni me croire parce qu'on me jugeait fou ; mais vous, qui devez savoir que je ne le suis pas, écoutez-moi, et vous me croirez après si vous voulez.

15    —Hélas ! murmura Edmond en lui-même, le voilà retombé dans sa folie ! ce malheur me manquait.

Puis tout haut :

—Mon ami, dit-il à Faria, votre accès vous a peut-être fatigué, ne voulez-vous pas prendre un peu de repos? 20 Demain, si vous le désirez, j'entendrai votre histoire, mais aujourd'hui je veux vous soigner, voilà tout. D'ailleurs, continua-t-il en souriant, un trésor, est-ce bien pressé pour nous?

—Fort pressé, Edmond ! répondit le vieillard. Qui sait 25 si demain, après-demain peut-être, n'arrivera pas le troisième accès? songez que tout serait fini alors ! Oui, c'est vrai ; souvent j'ai pensé avec un amer plaisir à ces richesses, qui feraient la fortune de dix familles, perdues pour ces hommes qui me persécutaient : cette idée me

26 *tout serait fini*. see *finir*.

servait de vengeance, et je la savourais lentement dans la nuit de mon cachot et dans le désespoir de ma captivité. Mais à présent que j'ai pardonné au monde pour l'amour de vous, maintenant que je vous vois jeune et plein
5 d'avenir, maintenant que je songe à tout ce qui peut résulter pour vous de bonheur à la suite d'une pareille révélation, je frémis du retard, et je tremble de ne pas assurer à un propriétaire si digne que vous l'êtes la possession de tant de richesses enfouies.

10 Edmond détourna la tête en soupirant.

— Vous persistez dans votre incrédulité, Edmond, poursuivit Faria, ma voix ne vous a point convaincu? Je vois qu'il vous faut des preuves. Eh bien! lisez ce papier que je n'ai montré à personne.

15 — Demain, mon ami, dit Edmond répugnant à se prêter à la folie du vieillard ; je croyais qu'il était convenu que nous ne parlerions de cela que demain.

— Nous n'en parlerons que demain, mais lisez ce papier aujourd'hui.

20 — Ne l'irritons point, pensa Edmond.

Et prenant ce papier dont la moitié manquait, consumée qu'elle avait été sans doute par quelque accident, il lut :

« Cejourd'hui 25 avril 1498, ay
25 Alexandre VI, et craignant que, non
il ne veuille hériter de moi et ne me ré
et Bentivoglio, morts empoisonnés,
mon légataire universel, que j'ai enf

---

3 *pour l amour de vous* : see *amour.*

pour l'avoir visité avec moi, c'est à dire dans
île de Monte-Cristo, tout ce que je pos
reries, diamants, bijoux ; que seul
peut monter à peu près à deux mil
5    trouvera ayant levé la vingtième roch
crique de l'Est en droite ligne.    Deux ouvertu
dans ces grottes : le trésor est dans l'angle le plus é
lequel trésor je lui lègue et cède en tou
seul héritier.
10       25 avril 1408.
                                      Cés

—Eh bien? dit Faria quand le jeune homme eut fini
sa lecture.

—Mais, répondit Dantès, je ne vois là que des lignes
tronquées, des mots sans suite ; les caractères sont inter-
15 rompus par l'action du feu et restent inintelligibles.

—Pour vous, mon ami, qui les lisez pour la première
fois, mais pas pour moi qui ai pâli dessus pendant bien
des nuits, qui ai reconstruit chaque phrase, complété
chaque pensée.

20  —Et vous croyez avoir trouvé ce sens suspendu?

—J'en suis sûr, vous en jugerez vous-même ; mais
d'abord écoutez l'histoire de ce papier :

—Silence ! s'écria Dantès... Des pas !... On approche... je pars... Adieu.

25  Et Dantès, heureux d'échapper l'histoire et à l'explication qui n'eussent pas manqué de lui confirmer le malheur de son ami, se glissa comme une couleuvre par l'étroit
couloir, tandis que Faria, rendu à une sorte d'activité
*par la terreur,* repoussait du pied la dalle qu'il recouvrait

d'une natte afin de cacher aux yeux la solution de continuité qu'il n'avait pas eu le temps de faire disparaître.

C'était le gouverneur qui, ayant appris par le geôlier
l'accident de Faria, venait s'assurer par lui-même de sa
5 gravité.

Faria le reçut assis, évita tout geste compromettant, et
parvint à cacher au gouverneur la paralysie qui avait déjà
frappé de mort la moitié de sa personne. Sa crainte était
que le gouverneur, touché de pitié pour lui, ne le voulût
10 mettre dans une prison plus saine et ne le séparât ainsi
de son jeune compagnon ; mais il n'en fut heureusement
pas ainsi, et le gouverneur se retira convaincu que son
pauvre fou, pour lequel il ressentait au fond du cœur une
certaine affection, n'était atteint que d'une indisposition
15 légère.

Pendant ce temps, Edmond, assis sur son lit et la tête
dans ses mains, essayait de rassembler ses pensées ;
tout était si raisonné, si grand et si logique dans Faria
depuis qu'il le connaissait, qu'il ne pouvait comprendre
20 cette suprême sagesse sur tous les points, alliée à la
déraison sur un seul : était-ce Faria qui se trompait
sur son trésor, était-ce tout le monde qui se trompait sur
Faria ?

Dantès resta chez lui toute la journée, n'osant re-
25 tourner chez son ami. Il essayait de reculer ainsi le
moment où il acquerrait la certitude que l'abbé était fou.
Cette conviction devait être effroyable pour lui.

Mais vers le soir, après l'heure de la visite ordinaire,
Faria, ne voyant pas revenir le jeune homme, essaya de
30 franchir l'espace qui le séparait de lui. Edmond fris-

sonna entendant les efforts douloureux que faisait le
vieillard pour se traîner : sa jambe était inerte, et il ne
pouvait plus s'aider de son bras.  Edmond fut obligé de
l'attirer à lui, car il n'eût jamais pu en sortir seul par
5 l'étroite ouverture qui donnait dans la chambre de
Dantès.

—Me voici impitoyablement acharné à votre poursuite, dit-il avec un sourire rayonnant de bienveillance.
Vous aviez cru pouvoir échapper à ma magnificence,
10 mais il n'en sera rien.   Écoutez donc.

Edmond vit qu'il ne pouvait reculer ; il fit asseoir le
vieillard sur son lit, et se plaça près de lui sur son
escabeau.

—Vous savez, dit l'abbé, que j'étais le secrétaire, le
15 familier, l'ami du cardinal Spada, le dernier des princes
de ce nom.   Je dois à ce digne seigneur tout ce que j'ai
goûté de bonheur en cette vie.   Il n'était pas riche,
bien que les richesses de sa famille fussent proverbiales
et que j'aie entendu dire souvent : Riche comme un
20 Spada.   Mais lui, comme le bruit public, vivait sur cette
réputation d'opulence. Son palais fut mon paradis.
J'instruisis ses neveux, qui sont morts, et lorsqu'il fut seul
au monde, je lui rendis par un dévouement absolu à ses
volontés, tout ce qu'il avait fait pour moi depuis dix ans.
25 « La maison du cardinal n'eut bientôt plus de secrets
pour moi ; j'avais vu souvent Monseigneur travailler à

15 *Spada* an Italian family of which several members were cardinals  This family seems to figure prominently in history only from
the end of the sixteenth century on  The Spada in Dumas's novel
does not seem to be a historical character.

20 *le bruit public*. see *bruit*.

compulser des livres antiques et fouiller avidement dans la poussière des manuscrits de famille. Un jour que je lui reprochais ses inutiles veilles et l'espèce d'abattement qui les suivait, il me regarda en souriant amèrement et
5 m'ouvrit un livre qui est l'histoire de la ville de Rome. Là, au vingtième chapitre de la Vie du pape Alexandre VI, il y avait les lignes suivantes, que je n'ai pu jamais oublier :

« Les grandes guerres de la Romagne étaient ter-
10 minées. César Borgia, qui avait achevé sa conquête, avait besoin d'argent pour acheter l'Italie tout entière. Le pape avait également besoin d'argent pour en finir avec Louis XII, roi de France, encore terrible malgré ses derniers revers. Il s'agissait donc de faire une bonne
15 spéculation, ce qui devenait difficile dans cette pauvre Italie épuisée.

« Sa Sainteté eut une idée. Elle résolut de faire deux cardinaux.

« En choisissant deux des grands personnages de
20 Rome, deux riches surtout, voici ce qui revenait au Saint-Père de la spéculation : d'abord il avait à vendre les

6 *Alexandre VI* · cf. note, page 42, l. 23.

9 *Romagne :* a province of Italy which belonged to the Pope up to 1859, when it became a part of the kingdom of Victor Emmanuel This province had been annexed to the Papal State in 1503, after it had been conquered by Caesar Borgia.

10 *César Borgia* · the son of Pope Alexander VI He fought in Romagna, which he conquered, and in Spain, where he was killed in 1507.

13 *Louis XII* (1462-1515) ascended the French throne in 1488. He carried on war in Italy, but finally gave up the fight in 1512, after the death of one of his best generals, Gaston de Foix, at Ravenna.

grandes charges et les emplois magnifiques dont ces deux cardinaux étaient en possession, en outre il pouvait compter sur un prix très brillant de la vente de ces deux chapeaux.

5 « Il restait une troisième part de spéculation, qui va apparaître bientôt.

« Le pape et César Borgia trouvèrent d'abord les deux cardinaux futurs : c'était Jean Rospigliosi, qui tenait à lui seul quatre des plus hautes dignités du Saint-Siège, puis 10 César Spada, l'un des plus nobles et des plus riches Romains. L'un et l'autre sentaient le prix d'une pareille faveur du pape. Ils étaient ambitieux. Ceux-là trouvés, César trouva bientôt des acquéreurs pour leurs charges.

« Il résulta que Rospigliosi et Spada payèrent pour être 15 cardinaux, et que huit autres payèrent pour être ce qu'étaient auparavant les deux cardinaux de création nouvelle. Il entra huit cent mille écus dans les coffres des spéculateurs.

« Passons à la dernière partie de la spéculation, il est 20 temps. Le pape ayant comblé de caresses Rospigliosi et Spada, leur ayant conféré les insignes du cardinalat, sûr qu'ils avaient dû, pour acquitter la dette non fictive de leur reconnaissance, rapprocher et réaliser leur fortune pour se fixer à Rome, le pape et César Borgia invitèrent 25 à dîner ces deux cardinaux.

« On dressa le couvert dans la vigne que possédait le

---

4 *chapeaux* trans. *cardinalship, cardinal's office,* the red hat being the insignia of cardinals

8 *Rospigliosi :* a noble Italian family that played an important political part in Rome in the fifteenth and sixteenth centuries.

pape près de Saint-Pierre-ès-Liens, charmante habitation que les cardinaux connaissaient bien de réputation.

« Rospiglioso, tout étourdi de sa dignité nouvelle, apprêta son estomac et sa meilleure mine. Spada, 5 homme prudent et qui aimait uniquement son neveu, jeune capitaine de la plus belle espérance, prit du papier, une plume, et fit son testament.

« Il fit dire ensuite à ce neveu de l'attendre aux environs de la vigne, mais il paraît que le serviteur ne le 10 trouva pas.

« On dîna. Spada n'avait pu que demander à son neveu : « Avez-vous reçu mon message ? » Le neveu répondit que non et comprit parfaitement la valeur de cette question, il était trop tard, car il venait de boire un 15 verre d'excellent vin mis à part pour lui par le sommelier du pape. Spada vit au même moment approcher une autre bouteille dont on lui offrit libéralement. Une heure après un médecin les déclarait tous deux empoisonnés par des morilles vénéneuses.

20 « Aussitôt César et le pape s'empressèrent d'envahir l'héritage, sous prétexte de rechercher les papiers des défunts. Mais l'héritage consistait en ceci : un morceau de papier sur lequel Spada avait écrit :

« Je lègue à mon neveu bien-aimé mes coffres, mes 25 livres, parmi lesquels mon beau bréviaire à coins d'or, désirant qu'il garde ce souvenir de son oncle affectionné.

« Les héritiers cherchèrent partout, admirèrent le

---

1 *Saint-Pierre-ès-Liens :* a church on the Esquiline Hill, where Michael Angelo's famous statue of Moses is to be seen.

8 *Il fit dire .* see *dire.*

bréviaire, firent main basse sur les meubles, et s'étonnèrent
que Spada, l'homme riche, fût effectivement le plus
misérable des oncles ; de trésors, aucun : si ce n'est des
trésors de science renfermés dans la bibliothèque et les
5 laboratoires.

« Ce fut tout.

« Les mois et les années s'écoulèrent.   Alexandre VI
mourut.

« Après la mort du pape on s'attendait généralement à
10 voir reprendre à la famille le train premier qu'elle menait
du temps du cardinal Spada ; mais il n'en fut pas ainsi.
Les Spada restèrent dans une aisance douteuse.

« La famille s'accoutuma à cette obscurité, les années
s'écoulèrent.   J'arrive maintenant au dernier de la
15 famille, à celui-là dont je fus le secrétaire, au comte de
Spada.

« Je l'avais bien souvent entendu se plaindre de la disproportion de sa fortune avec son rang, aussi lui avais-je
donné le conseil de placer le peu de biens qui lui restait
20 en rentes viagères ; il suivit ce conseil, et doubla ainsi
son revenu.

« Le fameux bréviaire était resté dans la famille, et
·c'était le comte de Spada qui le possédait : on l'avait
conservé de père en fils, car la clause bizarre du seul
25 testament qu'on eût retrouvé en avait fait une véritable
relique gardée avec une superstitieuse vénération dans la

1 *firent main basse :* see *main.*
11 *du temps .* note the idiomatical use of the genitive.
12 *aisance douteuse*  see *aisance.*
20 *rentes viagères*  see *rente.*

famille ; c'était un livre enluminé des plus belles figures gothiques, et si pesant d'or, qu'un domestique le portait toujours devant le cardinal dans les jours de grande solennité.

5 « À la vue des papiers de toutes sortes, titres, contrats, parchemins, qu'on gardait dans les archives de la famille et qui tous venaient du cardinal empoisonné, je me mis à mon tour, comme vingt serviteurs, vingt intendants, vingt secrétaires qui m'avaient précédé, à compulser les
10 liasses formidables : malgré l'activité de mes recherches, je ne retrouvai absolument rien.

« J'étais donc à peu près sûr que l'héritage n'avait profité ni aux Borgia ni à la famille, mais était resté sans maître.

15 « Mon patron mourut. De sa rente en viager il avait, excepté ses papiers de famille, sa bibliothèque, composée de cinq mille volumes, et son fameux bréviaire. Il me légua tout cela, avec un millier d'écus romains qu'il possédait en argent comptant, à la condition que je ferais
20 dire des messes pour le repos de son âme et que je dresserais un arbre généalogique et une histoire de sa maison, ce que je fis fort exactement...

« Un mois avant mon arrestation et quinze jours après la mort du comte de Spada, le 25 du mois de décembre,
25 vous allez comprendre tout à l'heure comment la date de ce jour mémorable est restée dans mon souvenir, je relisais pour la millième fois ces papiers que je coordonnais,

---

15 *rente en viager = rentes viagères*   see *rente.*
18 *écus romains*. a coin worth about five francs.
19 *argent comptant*. see *argent.*

car, le palais appartenant désormais à un étranger, j'allais
quitter Rome pour aller m'établir à Florence, en empor-
tant une douzaine de mille livres que je possédais, ma
bibliothèque et mon fameux bréviaire, lorsque, fatigué de
5 cette étude assidue, mal disposé par un dîner assez lourd
que j'avais fait, je laissai tomber ma tête sur mes deux
mains et m'endormis : il était trois heures de l'après-midi.

« Je me réveillai comme la pendule sonnait six heures.

« Je levai la tête, j'étais dans l'obscurité la plus pro-
10 fonde.  Je sonnai pour qu'on m'apportât de la lumière,
personne ne vint ; je résolus alors de me servir moi-même.
C'était d'ailleurs une habitude de philosophe qu'il allait
me falloir prendre.  Je pris d'une main une bougie toute
préparée, et de l'autre je cherchai un papier que je comp-
15 tais allumer à un dernier reste de flamme dansant au-
dessus du foyer, mais, craignant dans l'obscurité de
prendre un papier précieux à la place d'un papier inutile,
j'hésitais, lorsque je me rappelai avoir vu, dans le fameux
bréviaire qui était posé sur la table à côté de moi, un vieux
20 papier tout jaune par le haut qui avait l'air de servir de
signet et qui avait traversé les siècles, maintenu à sa place
par la vénération des héritiers.  Je cherchai, en tâton-
nant, cette feuille inutile, je la trouvai, je la tordis, et, la
présentant à la flamme mourante, je l'allumai.

2 *Florence* · a magnificent city of Italy, the former capital of the grand-
duchy of Tuscany, and later (until 1872) of the Italian Kingdom.  It lie:
on both sides of the Arno, 187 miles northwest of Rome, in a picturesqu
valley inclosed by the Apennines.  It has many fine churches, art ga
leries, and libraries, and gave birth to many famous men: Dante, P
trarch, Benvenuto Cellini, Boccaccio, Galileo, Michael Angelo, Macc!
*avelli, and others.*

« Mais, sous mes doigts, comme par magie, à mesure que le feu montait, je vis des caractères jaunâtres sortir du papier blanc et apparaître sur la feuille ; alors la terreur me prit : je serrai dans mes mains le papier, j'étouffai le
5 feu, j'allumai directement la bougie au foyer, je rouvris avec une indicible émotion la lettre froissée, et je reconnus qu'une encre mystérieuse avait tracé ces lettres apparentes seulement au contact de la vive chaleur. Un peu plus du tiers du papier avait été consumé par la flamme : c'est ce
10 papier que vous avez lu ce matin ; relisez-le, Dantès ; puis quand vous l'aurez relu, je vous compléterai, moi, les phrases interrompues et le sens incomplet. »

Et Faria, s'interrompant, offrit le papier à Dantès, qui, cette fois, relut avidement les mots suivants tracés avec
15 une encre rousse, pareille à la rouille :

« Cejourd'hui 25 avril 1498, ay
    Alexandre VI, et craignant que, non
    il ne veuille hériter de moi et ne me ré
    et Bentivoglio, morts empoisonnés,
20    mon légataire universel, que j'ai enf
    pour l'avoir visité avec moi, c'est à dire dans
    île de Monte-Cristo, tout ce que je pos
    reries, diamants, bijoux ; que seul
    peut monter à peu près à deux mil
25    trouvera ayant levé la vingtième roch
    crique de l'Est en droite ligne. Deux ouvertu
    dans ces grottes : le trésor est dans l'angle le plus é
    lequel trésor je lui lègue et cède en tou
    seul héritier
30    25 avril 1498.                          Cés

— Maintenant, reprit l'abbé, lisez cet autre papier.

Et il présenta à Dantès une seconde feuille avec d'autres fragments de lignes.

Dantès prit et lut :

5               ant été invité à dîner par Sa Sainteté
content de m'avoir fait payer le chapeau,
serve le sort des cardinaux Crapara
je déclare à mon neveu Guido Spada,
oui dans un endroit qu'il connaît
10           les grottes de la petite
sédais de lingots, d'or monnayé, de pier-
je connais l'existence de ce trésor, qui
lions d'écus romains, et qu'il
e, à partir de la petite
15           res ont été pratiquées
loigné de la deuxième,
te propriété, comme à mon

AR † Spada. »

Faria le suivait d'un œil ardent.

20  — Et maintenant, dit-il, lorsqu'il eut vu que Dantès en était arrivé à la dernière ligne, rapprochez les deux fragments, et jugez vous-même.

Dantès obéit ; les deux fragments rapprochés donnaient l'ensemble suivant :

25  « Cejourd'hui 25 avril 1498, ay...ant été invité à dîner par Sa Sainteté Alexandre VI, et craignant que, non. . . content de m'avoir fait payer le chapeau, il ne *veuille hériter* de moi et ne me ré...serve le sort des

cardinaux Caprara et Bentivoglio, morts empoisonnés,...
je déclare à mon neveu Guido Spada, mon légataire universel, que j'ai en...foui dans un endroit qu'il connaît
pour l'avoir visité avec moi, c'est à dire dans...les grottes
5 de la petite île de Monte-Cristo, tout ce que je pos...
sédais de lingots, d'or monnayé, pierreries, diamants,
bijoux; que seul...je connais l'existence de ce trésor,
qui peut monter à peu près à deux mil...lions d'écus
romains, et qu'il trouvera ayant levé la vingtième roch...e
10 à partir de la petite crique de l'Est en droite ligne. Deux
ouvertu...res ont été pratiquées dans ces grottes: le
trésor est dans l'angle le plus é...loigné de la deuxième,
lequel trésor je lui lègue et cède en tou...te propriété,
comme à mon seul héritier.

15    avril 1498.

CÉS... AR † SPADA. »

—Eh bien! comprenez-vous enfin? dit Faria.

—C'était la déclaration du cardinal Spada et le testament que l'on cherchait depuis si longtemps? dit
20 Edmond encore incrédule.

—Oui, mille fois oui.

—Qui l'a reconstruite ainsi?

—Moi, qui, à l'aide du fragment restant, ai deviné
le reste en mesurant la longueur des lignes par celle du
25 papier et en pénétrant dans le sens caché au moyen du
sens visible, comme on se guide dans un souterrain par
un reste de lumière qui vient d'en haut. Et maintenant,
continua Faria en regardant Dantès avec une expression

1 *Caprara*·...*Bentivoglio*  members of two famous Italian families,
both of which came originally from Bologna in Northern Italy.

presque paternelle, maintenant, mon ami, vous en savez autant que moi . si nous nous sauvons jamais ensemble, la moitié de mon trésor est à vous ; si je meurs ici et que vous vous sauviez seul, il vous appartient en totalité.

5    — Mais, demanda Dantès hésitant, ce trésor n'a-t-il pas dans ce monde quelque plus légitime possesseur que nous ?

— Non, non, rassurez-vous, la famille est éteinte complètement, le dernier comte Spada, d'ailleurs, m'a fait
10 son héritier ; en me léguant ce bréviaire symbolique il m'a légué ce qu'il contenait ; non, non, tranquillisez-vous : si nous mettons la main sur cette fortune, nous pourrons en jouir sans remords.

— Et vous dites que ce trésor renferme…

15    — Deux millions d'écus romains, treize millions à peu près de notre monnaie.

Edmond croyait rêver : il flottait entre l'incrédulité et la joie.

— Je n'ai gardé si longtemps le secret avec vous, con-
20 tinua Faria, d'abord que pour vous éprouver, et ensuite pour vous surprendre ; si nous nous fussions évadés avant mon accès de catalepsie, je vous conduisais à Monte-Cristo , maintenant, ajouta-t-il avec un soupir, c'est vous qui m'y conduirez. Eh bien ! Dantès, vous ne me
25 remerciez pas ?

— Ce trésor vous appartient, mon ami, dit Dantès, il appartient à vous seul, et je n'y ai aucun droit : je ne suis point votre parent.

— Vous êtes mon fils, Dantès ! s'écria le vieillard, vous
30 êtes l'enfant de ma captivité.   Dieu vous a envoyé

à moi pour consoler le prisonnier qui ne pouvait être libre.

Et Faria tendit le bras qui lui restait au jeune homme qui se jeta à son cou en pleurant.

## LE TROISIÈME ACCÈS

5 L'abbé ne connaissait pas l'île de Monte-Cristo, mais Dantès la connaissait : il avait souvent passé devant cette île, située entre la Corse et l'île d'Elbe, et une fois même il y avait relâché.   Cette île était, avait toujours été et est encore complètement déserte ; c'est un rocher de
10 forme presque conique, qui semble avoir été poussé par quelque cataclysme volcanique du fond de l'abîme à la surface de la mer.

Dantès faisait le plan de l'île à Faria, et Faria donnait des conseils à Dantès sur les moyens à employer pour
15 retrouver le trésor.

Mais Dantès était loin d'être aussi enthousiaste et surtout aussi confiant que le vieillard.   Certes, il était bien certain maintenant que Faria n'était pas fou, et la façon dont il était arrivé à la découverte qui avait fait croire à
20 sa folie redoublait encore son admiration pour lui ; mais

7 *Corse* · Corsica, an island in the Mediterranean with a population of 300,000, where Napoleon was born in 1769.  It became a part of France in 1768. — *l'île d'Elbe*   Elba, a small island east of Corsica, where Napoleon was sent after his first abdication in 1814, and where he remained up to February, 1815, when he returned to France   He was finally defeated at Waterloo in June, 1815.  Cf. pages 5 and 6.

aussi il ne pouvait croire que ce dépôt, en supposant qu'il
eût existé, existât encore, et, quand il ne regardait pas le
trésor comme chimérique, il le regardait du moins comme
absent.

5  Cependant Faria, qui pendant de si longues années
avait gardé le silence sur le trésor, en reparlait maintenant
à toute occasion.  Comme il l'avait prévu, il était resté
paralysé du bras droit et de la jambe gauche, et avait à
peu près perdu tout espoir d'en jouir lui-même ; mais il
10 rêvait toujours pour son jeune compagnon une délivrance
ou une évasion, et il en jouissait pour lui.  De peur que
la lettre ne fût un jour égarée ou perdue, il avait forcé
Dantès de l'apprendre par cœur, et Dantès la savait depuis
le premier jusqu'au dernier mot.  Quelquefois des heures
15 entières se passaient pour Faria à donner des instructions
à Dantès, instructions qui devaient lui servir au jour de sa
liberté.  Alors, une fois libre, il ne devait plus avoir qu'une
seule et unique pensée, gagner Monte-Cristo par un moyen
quelconque, y rester seul sous un prétexte qui ne donnât
20 point de soupçons, et, une fois là, une fois seul, tâcher de
retrouver les grottes merveilleuses et fouiller l'endroit
indiqué.  L'endroit indiqué, on se le rappelle, c'est l'angle
le plus éloigné de la seconde ouverture.

En attendant, les heures passaient, sinon rapides, du
25 moins supportables.  Faria, comme nous l'avons dit, sans
avoir retrouvé l'usage de sa main et de son pied, avait
reconquis toute la netteté de son intelligence, et avait peu
à peu, outre les connaissances morales que nous avons
détaillées, appris à son jeune compagnon ce métier patient
30 *et sublime* du prisonnier, qui de rien sait faire quelque

chose.   Ils s'occupaient donc éternellement.   Tout allait
ainsi, comme dans ces existences où le malheur n'a rien
dérangé et qui s'écoulent machinales et calmes sous l'œil
de la Providence.

5   Mais, sous ce calme superficiel, il y avait dans le cœur
du jeune homme et dans celui du vieillard peut-être bien
des élans retenus, bien des soupirs étouffés, qui se
faisaient jour lorsque Faria était resté seul et qu'Edmond
était rentré chez lui.

10   Une nuit Edmond se réveilla en sursaut, croyant s'être
entendu appeler.

Il ouvrit les yeux et essaya de percer les épaisseurs de
l'obscurité.

Son nom, ou plutôt une voix plaintive qui essayait
15 d'articuler son nom, arriva jusqu'à lui.

Il se leva sur son lit, la sueur de l'angoisse au front, et
écouta.   Plus de doute, la plainte venait du cachot de
son compagnon.

— Grand Dieu ! murmura Dantès ; serait-ce ?

20   Et il déplaça son lit, tira la pierre, s'élança dans le corridor et parvint à l'extrémité opposée ; la dalle était levée.

A la lueur de cette lampe informe et vacillante dont
nous avons parlé, Edmond vit le vieillard pâle, debout
encore et se cramponnant au bois de son lit.   Ses traits
25 étaient bouleversés par ces horribles symptômes qu'il
connaissait déjà et qui l'avaient tant épouvanté lorsqu'ils
étaient apparus pour la première fois.

— Eh bien ! mon ami, dit Faria résigné, vous com-
prenez, n'est-ce pas ? et je n'ai besoin de vous rien
30 apprendre !

Edmond poussa un cri douloureux, et perdant complètement la tête, il s'élança vers la porte en criant.

— Au secours ! au secours !

Faria eut encore la force de l'arrêter par le bras.

5    — Silence ! dit-il, ou vous êtes perdu. Ne songeons plus qu'à vous, mon ami, à vous rendre votre captivité supportable ou votre fuite possible. Il vous faudrait des années pour refaire seul tout ce que j'ai fait ici, et qui serait détruit à l'instant même par la connaissance que 10 nos surveillants auraient de notre intelligence. D'ailleurs, soyez tranquille, mon ami, le cachot que je vais quitter ne restera pas longtemps vide : un autre malheureux viendra prendre ma place. A cet autre vous apparaîtrez comme un ange sauveur. Celui-là sera peut-être jeune, 15 fort et patient comme vous, celui-là pourra vous aider dans votre fuite, tandis que je l'empêchais. Vous n'aurez plus une moitié de cadavre liée à vous pour vous paralyser tous vos mouvements. Décidément Dieu fait enfin quelque chose pour vous : il vous rend plus qu'il ne vous ôte, et 20 il est bien temps que je meure.

Edmond ne put que joindre les mains et s'écrier :

— Oh ! mon ami, mon ami, taisez-vous !

Puis reprenant sa force un instant ébranlée par ce coup imprévu et son courage plié par les paroles du vieillard :

25    — Oh ! dit-il, je vous ai déjà sauvé une fois, je vous sauverai bien une seconde !

Et il souleva le pied du lit et en tira le flacon encore au tiers plein de la liqueur rouge.

— Tenez, dit-il ; il en reste encore, de ce breuvage 30 sauveur, Vite, vite, dites-moi ce qu'il faut que je fasse cette fois ; y a-t-il des instructions nouvelles? Parlez, mon ami, j'écoute.

—Il n'y a pas d'espoir, répondit Faria en secouant la tête ; mais n'importe ; Dieu veut que l'homme qu'il a 5 créé, et dans le cœur duquel il a si profondément enraciné l'amour de la vie, fasse tout ce qu'il pourra pour conserver cette existence si pénible parfois, si chère toujours.

—Oh ! oui, oui, s'écria Dantès, et je vous sauverai, 10 vous dis-je !

—Eh bien, essayez donc ! le froid me gagne ; je sens le sang qui afflue à mon cerveau ; cet horrible tremblement qui fait claquer mes dents et semble disjoindre mes os commence à secouer tout mon corps ; dans cinq 15 minutes le mal éclatera, dans un quart d'heure il ne restera plus de moi qu'un cadavre.

—Oh ! s'écria Dantès le cœur navré de douleur.

—Vous ferez comme la première fois, seulement vous n'attendrez pas si longtemps. Tous les ressorts de la vie 20 sont bien usés à cette heure, et la mort, continua-t-il en montrant son bras et sa jambe paralysés, n'aura plus que la moitié de la besogne à faire. Si après m'avoir versé douze gouttes dans la bouche, au lieu de dix, vous voyez que je ne reviens pas, alors vous verserez le reste. 25 Maintenant portez-moi sur mon lit, car je ne puis plus me tenir debout.

Edmond prit le vieillard dans ses bras et le déposa sur le lit.

—Maintenant, ami, dit Faria, seule consolation de ma 30 vie misérable, vous que le ciel m'a donné un peu tard, mais enfin qu'il m'a donné, présent inappréciable et dont je le remercie ; au moment de me séparer de vous pour jamais, je vous souhaite tout le bonheur, toute la prospérité que vous méritez : mon fils, je vous bénis !

5   Le jeune homme se jeta à genoux, appuyant sa tête contre le lit du vieillard.

—Mais surtout, écoutez bien ce que je vous dis à ce moment suprême : le trésor des Spada existe ; Dieu permet qu'il n'y ait plus pour moi ni distance, ni obstacle. 10 Je le vois au fond de la seconde grotte ; mes yeux percent les profondeurs de la terre et sont éblouis de tant de richesses. Si vous parvenez à fuir, rappelez-vous que le pauvre abbé que tout le monde croyait fou ne l'était pas. Courez à Monte-Cristo, profitez de notre fortune, profitez- 15 en, vous avez assez souffert.

Une secousse violente interrompit le vieillard ; Dantès releva la tête, il vit les yeux qui s'injectaient de rouge : on eût dit qu'une vague de sang venait de monter de sa poitrine à son front.

20   —Adieu ! adieu ! murmura le vieillard en pressant convulsivement la main du jeune homme, adieu !

Et il retomba sur son lit. La crise fut terrible : des membres tordus, des paupières gonflées, une écume sanglante, un corps sans mouvement, voilà ce qui resta sur 25 ce lit de douleur à la place de l'être intelligent qui s'y était couché un instant auparavant.

Dantès prit la lampe, la posa au chevet du lit sur une pierre qui faisait saillie et d'où sa lueur tremblante éclairait d'un reflet étrange et fantastique ce visage 30 décomposé et ce corps inerte et roidi.

Les yeux fixes, il attendit intrépidement le moment
d'administrer le remède sauveur.

Lorsqu'il crut le moment arrivé, il prit le couteau,
desserra les dents, qui offrirent moins de résistance que
5 la première fois, compta l'une après l'autre dix gouttes et
attendit ; la fiole contenait le double encore à peu près
de ce qu'il avait versé.

Il attendit dix minutes, un quart d'heure, une demi-
heure, rien ne bougea.  Tremblant, les cheveux roidis,
10 le front glacé de sueur, il comptait les secondes par les
battements de son cœur.

Alors il pensa qu'il était temps d'essayer la dernière
épreuve : il approcha la fiole des lèvres violettes de Faria,
et, sans avoir besoin de desserrer les mâchoires restées
15 ouvertes, il versa toute la liqueur qu'elle contenait.

Le remède produisit un effet galvanique, un violent
tremblement secoua les membres du vieillard, ses yeux se
rouvrirent effrayants à voir, il poussa un soupir qui
ressemblait à un cri, puis tout ce corps frissonnant rentra
20 peu à peu dans son immobilité.

Les yeux seuls restèrent ouverts.

Une demi-heure, une heure, une heure et demie
s'écoulèrent.  Pendant cette heure et demie d'angoisse,
Edmond, penché sur son ami, la main appliquée à son
25 cœur, sentit successivement ce corps se refroidir et ce
cœur éteindre son battement de plus en plus sourd et
profond.

Enfin rien ne survécut ; le dernier frémissement du
cœur cessa, la face devint livide, les yeux restèrent
30 ouverts, mais le regard se ternit.

Il était six heures du matin, le jour commençait à paraître, et son rayon blafard, envahissant le cachot, faisait pâlir la lumière mourante de la lampe. Des reflets étranges passaient sur le visage du cadavre, lui donnant 5 de temps en temps des apparences de vie. Tant que dura cette lutte du jour et de la nuit, Dantès put douter encore ; mais dès que le jour eut vaincu, il comprit qu'il était seul avec un cadavre.

Alors une terreur profonde et invincible s'empara de 10 lui ; il n'osa plus presser cette main qui pendait hors du lit, il n'osa plus arrêter ses yeux sur ces yeux fixes et blancs qu'il essaya plusieurs fois mais inutilement de fermer, et qui se rouvraient toujours. Il éteignit la lampe, la cacha soigneusement et s'enfuit; replaçant de son 15 mieux la dalle au-dessus de sa tête.

D'ailleurs il était temps, le geôlier allait venir.

Cette fois il commença sa visite par Dantès ; en sortant de son cachot il allait passer dans celui de Faria, auquel il portait à déjeuner et du linge.

20    Rien d'ailleurs n'indiquait chez cet homme qu'il eût connaissance de l'accident arrivé. Il sortit.

Dantès fut alors pris d'une indicible impatience de savoir ce qui allait se passer dans le cachot de son malheureux ami ; il rentra donc dans la galerie souterraine 25 et arriva à temps pour entendre les exclamations du porte-clefs, qui appelait à l'aide.

Bientôt les autres porte-clefs entrèrent ; puis on entendit ce pas lourd et régulier habituel aux soldats, même hors de leur service. Derrière les soldats arriva 30 *le gouverneur.*

Edmond entendit le bruit du lit sur lequel on agitait le cadavre ; il entendit la voix du gouverneur, qui ordonnait de lui jeter de l'eau au visage, et qui voyant que, malgré cette immersion, le prisonnier ne revenait pas, 5 envoya chercher le médecin.

Le gouverneur sortit ; et quelques paroles de compassion parvinrent aux oreilles de Dantès, mêlées à des rires de moquerie.

— Allons, allons, disait l'un, le fou a été rejoindre ses 10 trésors, bon voyage !

— Il n'aura pas, avec tous ses millions, de quoi payer son linceul, disait l'autre.

— Oh ! reprit une troisième voix, les linceuls du château d'If ne coûtent pas cher.

15 — Peut-être, dit un des premiers interlocuteurs, comme c'est un homme d'église, on fera quelques frais en sa faveur.

— Alors il aura les honneurs du sac.

Edmond écoutait, ne perdait pas une parole, mais ne 20 comprenait pas grand'chose à tout cela. Bientôt les voix s'éteignirent, et il lui sembla que les assistants quittaient la chambre.

Cependant il n'osa y rentrer : on pouvait avoir laissé quelque porte-clefs pour garder le mort.

25 Il resta donc muet, immobile et retenant sa respiration.

Au bout d'une heure, à peu près, le silence s'anima d'un faible bruit, qui alla croissant.

---

19 *ne comprenait pas grand'chose*  see *chose;* also note *grand chose,* the apostrophe being a relic of an old feminine form.

C'était le gouverneur qui revenait, suivi du médecin et de plusieurs officiers.

Il se fit un moment de silence : il était évident que le médecin s'approchait du lit et examinait le cadavre.

5  Bientôt les questions commencèrent.

Le médecin analysa le mal auquel le prisonnier avait succombé et déclara qu'il était mort.

De nouvelles allées et venues se firent entendre ; un instant après, un bruit de toile froissée parvint aux
10 oreilles de Dantès, le lit cria sur ses ressorts, un pas alourdi comme celui d'un homme qui soulève un fardeau s'appesantit sur la dalle, puis le lit cria de nouveau sous le poids qu'on lui rendait

— A quelle heure ? demanda le guichetier.

15  — Mais vers dix ou onze heures.

— Veillera-t-on le mort ?

— Pourquoi faire ?  On fermera le cachot comme s'il était vivant, voilà tout.

Alors les pas s'éloignèrent, les voix allèrent s'affai-
20 blissant, le bruit de la porte avec sa serrure criarde et ses verrous grinçants se fit entendre, un silence plus morne que celui de la solitude, le silence de la mort, envahit tout, jusqu'à l'âme glacée du jeune homme.

Alors il souleva lentement la dalle avec sa tête, et jeta
25 un regard investigateur dans la chambre.

La chambre était vide : Dantès sortit de la galerie.

15 *Mais   but*, not *why*.
17 *pourquoi faire·* see *faire*.

## LE CIMETIÈRE DU CHÂTEAU D'IF

Sur le lit, couché dans le sens de la longueur, et faiblement éclairé par un jour brumeux qui pénétrait à travers la fenêtre, on voyait un sac de toile grossière, sous les larges plis duquel se dessinait confusément une forme
5 longue et raide : c'était le dernier linceul de Faria, ce linceul qui, au dire des guichetiers, coûtait si peu cher.

Seul ! Dantès était redevenu seul ! il était retombé dans le silence, il se retrouvait en face du néant !

L'idée du suicide, chassée par son ami, écartée par sa
10 présence, revint alors se dresser comme un fantôme près du cadavre de Faria.

— Si je pouvais mourir, dit-il, j'irais où il va, et je le retrouverais certainement. Mais comment mourir ? C'est bien facile, ajouta-t-il en riant ; je vais rester ici, je me
15 jetterai sur le premier qui va entrer, je l'étranglerai et l'on me guillotinera.

Mais, comme il arrive que, dans les grandes douleurs comme dans les grandes tempêtes, l'abîme se trouve entre deux cimes de flots, Dantès recula à l'idée de cette mort
20 infamante, et passa précipitamment de ce désespoir à une soif ardente de vie et de liberté.

— Mourir ! oh non ! s'écria-t-il, ce n'est pas la peine d'avoir tant vécu, d'avoir tant souffert, pour mourir maintenant ! Mourir, c'était bon quand j'en avais pris la

---

1 *dans le sens de la longueur :* see *longueur.*

13 *comment mourir ·* note the elliptical use of the infinitive and in translating supply the necessary tense and person of *pouvoir* before *mourir.*

22 *ce n'est pas la peine :* see *peine.* 24 *bon :* all right enough, not good.

résolution, autrefois, il y a des années ; mais maintenant ce serait véritablement trop aider à ma misérable destinée.    Non, je veux vivre, je veux lutter jusqu'au bout ; non je veux reconquérir la liberté.    Mais à présent on
5 va m'oublier ici, et je ne sortirai de mon cachot que comme Faria.

À cette parole Edmond resta immobile, les yeux fixes, comme un homme frappé d'une idée subite, mais que cette idée épouvante ; tout à coup il se leva, porta la main
10 à son front comme s'il avait le vertige, fit deux ou trois tours dans la chambre et revint s'arrêter devant le lit. . . .

—Oh ! oh ! murmura-t-il, qui m'envoie cette pensée? est-ce vous, mon Dieu?    Puisqu'il n'y a que les morts qui sortent librement d'ici, prenons la place des morts.

15    Et sans perdre le temps de revenir sur cette décision, comme pour ne pas donner à la pensée le temps de détruire cette résolution désespérée, il se pencha vers le sac hideux, l'ouvrit avec le couteau que Faria avait fait, retira le cadavre du sac, l'emporta chez lui, le coucha
20 dans son lit, le coiffa du lambeau de linge dont il avait l'habitude de se coiffer lui-même, le couvrit de sa couverture, tourna la tête le long du mur afin que le geôlier, en apportant son repas du soir, crût qu'il était couché comme c'était souvent son habitude, rentra dans la galerie, tira le
25 lit contre la muraille, rentra dans l'autre chambre, prit dans l'armoire l'aiguille, le fil, jeta ses haillons pour qu'on sentît bien sous la toile les chairs nues, se glissa dans le sac éventré, se plaça dans la situation où était le cadavre, et referma la couture en dedans.

10 *fit deux ou trois tours* · see *tour.*

On aurait pu entendre battre son cœur si par malheur on fût entré en ce moment.

Voici ce qu'il comptait faire.

Si pendant le trajet les fossoyeurs reconnaissaient qu'ils 5 portaient un vivant au lieu de porter un mort, Dantès ne leur donnait pas le temps de se reconnaître, d'un vigoureux coup de couteau il ouvrait le sac depuis le haut jusqu'en bas, profitait de leur terreur et s'échappait ; s'ils voulaient l'arrêter, il jouait du couteau.

10 S'ils le conduisaient jusqu'au cimetière et le déposaient dans une fosse, il se laissait couvrir de terre ; puis, comme c'était la nuit, à peine les fossoyeurs avaient-ils le dos tourné, qu'il s'ouvrait un passage à travers la terre molle et s'enfuyait : il espérait que le poids ne serait pas trop 15 grand pour qu'il pût le soulever.

S'il se trompait, si au contraire la terre était trop pesante, il mourait étouffé, et, tant mieux ! tout était fini.

Le premier danger que courait Dantès c'était que le 20 geôlier, en lui apportant son souper de sept heures, s'aperçût de la substitution opérée ; heureusement, vingt fois, soit par misanthropie, soit par fatigue, Dantès avait reçu le geôlier couché ; et dans ce cas, d'ordinaire, cet homme déposait son pain et sa soupe sur la table et se 25 retirait sans lui parler.

Mais, cette fois, le geôlier pouvait déroger à ses habitudes de mutisme, parler à Dantès, et voyant que Dantès ne lui répondait point, s'approcher du lit et tout découvrir.

---

1 *par malheur* . see *malheur*.  6 *de se reconnaître*   see *reconnaître*. ·
9 *il jouait du couteau* · see *couteau*.

Lorsque sept heures du soir s'approchèrent, les angoisses de Dantès commencèrent véritablement. Sa main,
appuyée sur son cœur, essayait d'en comprimer les battements. Les heures cependant s'écoulèrent sans amener
5 aucun mouvement dans le château, et Dantès comprit
qu'il avait échappé à ce premier danger ; c'était d'un bon
augure. Enfin, vers l'heure fixée par le gouverneur, des
pas se firent entendre dans l'escalier. Edmond comprit
que le moment était venu ; il rappela tout son courage,
10 retenant son haleine ; heureux s'il eût pu retenir en même
temps et comme elle les pulsations précipitées de ses
artères.

On s'arrêta à la porte, les pas était double. Dantès
devina que c'étaient les deux fossoyeurs qui le venaient
15 chercher. Ce soupçon se changea en certitude, quand il
entendit le bruit qu'ils faisaient en déposant la civière.

La porte s'ouvrit, une lumière voilée parvint aux yeux
de Dantès. Au travers de la toile qui le couvrait, il vit
deux ombres s'approcher de son lit. Une troisième à la
20 porte, tenant un falot à la main. Chacun des deux
hommes, qui s'étaient approchés du lit, saisit le sac par
une de ses extrémités.

—C'est qu'il est encore lourd, pour un vieillard si
maigre ! dit l'un d'eux en le soulevant par la tête.

25 — On dit que chaque année ajoute une demi-livre au
poids des os, dit l'autre en le prenant par les pieds.

—As-tu fait ton nœud ? demanda le premier.

—Je serais bien bête de nous charger d'un poids
inutile, dit le second, je le ferai là-bas.

30 — *Tu as raison* , partons alors.

— Pourquoi ce nœud? se demanda Dantès.

On transporta le prétendu mort du lit sur la civière. Edmond se raidissait pour mieux jouer son rôle de trépassé.  On le posa sur la civière ; et le cortège, éclairé par l'homme au falot, qui marchait devant, monta l'escalier.

Tout à coup, l'air frais et âpre de la nuit l'inonda. Dantès reconnut le mistral.  Ce fut une sensation subite, pleine à la fois de délices et d'angoisses.

Les porteurs firent une vingtaine de pas, puis ils s'arrêtèrent et déposèrent la civière sur le sol.

Un des porteurs s'éloigna, et Dantès entendit ses souliers retentir sur les dalles.

— Où suis-je donc? se demanda-t-il.

— Sais-tu qu'il n'est pas léger du tout ! dit celui qui était resté près de Dantès en s'asseyant sur le bord de la civière.

Le premier sentiment de Dantès avait été de s'échapper, heureusement il se retint.

— Éclaire-moi donc, animal, dit celui des deux porteurs qui s'était éloigné, ou je ne trouverai jamais ce que je cherche.

L'homme au falot obéit à l'injonction, quoique, comme on l'a vu, elle fût faite en termes peu convenables.

— Que cherche-t-il donc? se demanda Dantès.  Une bêche sans doute.

Une exclamation de satisfaction indiqua que le fossoyeur avait trouvé ce qu'il cherchait.

7 *mistral*. the name given to the northwest wind in Southern France, from a Provençal word " maestral " meaning " the Master."

19 *animal*  *you fool*, not *animal*.

—Enfin, dit l'autre, ce n'est pas sans peine.

—Oui, répondit-il, mais il n'aura rien perdu pour attendre.

À ces mots il se rapprocha d'Edmond, qui entendit
5 déposer près de lui un corps lourd et retentissant ; au même moment, une corde entoura ses pieds d'une vive et douloureuse pression.

—Eh bien ! le nœud est-il fait? demanda celui des fossoyeurs qui était resté inactif.

10    —Et bien fait, dit l'autre ; je t'en réponds.

—En ce cas, en route.

Et la civière soulevée reprit son chemin.

On fit cinquante pas à peu près, puis on s'arrêta pour ouvrir une porte, puis on se remit en route.   Le bruit
15 des flots se brisant contre les rochers sur lesquels est bâti le château, arrivait plus distinctement à l'oreille de Dantès à mesure que l'on avança.

—Mauvais temps ! dit un des **porteurs, il ne** fera pas bon d'être en mer cette nuit.

20    —Oui, l'abbé court grand risque d'être mouillé, dit l'autre, — et ils éclatèrent de rire.

Dantès ne comprit pas très bien la plaisanterie, mais ses cheveux ne s'en dressèrent pas moins sur sa tête.

—Bon, nous voilà arrivés ! reprit le premier.

25    —Plus loin, plus loin, dit l'autre, tu sais bien que le dernier est resté en route, brisé sur les rochers, et que le gouverneur nous a dit le lendemain que nous étions des fainéants.

11  *en route*   see *route.*
26  *est resté en route*   see *route.*

On fit encore quatre ou cinq pas en montant toujours, puis Dantès sentit qu'on le prenait par la tête et par les pieds et qu'on le balançait.

— Une, dirent les fossoyeurs.

5  — Deux.

— Trois !

En même temps Dantès se sentit lancé, en effet, dans un vide énorme, traversant les airs comme un oiseau blessé, tombant, tombant toujours avec une épouvante
10 qui lui glaçait le cœur. Quoique tiré en bas par quelque chose de pesant qui précipitait son vol rapide, il lui sembla que cette chute durait un siècle. Enfin, avec un bruit épouvantable, il entra comme une flèche dans une eau glacée qui lui fit pousser un cri, étouffé à l'instant
15 même par l'immersion.

Dantès avait été lancé dans la mer, au fond de laquelle l'entraînait un boulet de trente-six attaché à ses pieds.

La mer est le cimetière du château d'If.


## L'ÎLE DE TIBOULEN

Dantès étourdi, presque suffoqué, eut cependant la
20 présence d'esprit de retenir son haleine, et, comme sa main droite, ainsi que nous l'avons dit, préparé qu'il était à toutes les chances, tenait son couteau tout ouvert, il éventra rapidement le sac, sortit le bras, puis la tête ; mais alors, malgré ses mouvements pour soulever le
25 boulet, il continua de se sentir entraîné ; alors il se

---

17  *un boulet de trente-six* : see boulet.

cambra, cherchant la corde qui liait ses jambes, et, par
un effort suprême, il la trancha précisément au moment
où il suffoquait; alors, donnant un vigoureux coup de
pied, il remonta libre à la surface de la mer, tandis que
5 le boulet entraînait dans des profondeurs inconnues le
tissu grossier qui avait failli devenir son linceul.

Dantès ne prit que le temps de respirer, et replongea
une seconde fois; car la première précaution qu'il devait
prendre était d'éviter les regards.

10 Lorsqu'il reparut pour la seconde fois, il était déjà à
cinquante pas au moins du lieu de sa chute; il vit au-
dessus de sa tête un ciel noir et tempêtueux, à la surface
duquel le vent balayait quelques nuages rapides, découvrant parfois un petit coin d'azur rehaussé d'une étoile;
15 devant lui s'étendait la plaine sombre et mugissante, dont
les vagues commençaient à bouillonner comme à l'approche d'une tempête, tandis que, derrière lui, plus noir
que la mer, plus noir que le ciel, montait, comme un
fantôme menaçant, le géant de granit, dont la pointe
20 sombre semblait un bras étendu pour ressaisir sa proie;
sur la roche la plus haute était un falot éclairant deux
ombres.

Il lui sembla que ces deux ombres se penchaient sur la
mer avec inquiétude; en effet, ces étranges fossoyeurs
25 devaient avoir entendu le cri qu'il avait jeté en traversant
l'espace. Dantès plongea donc de nouveau, et fit un
trajet assez long entre deux eaux.

Lorsqu'il revint à la surface de la mer le falot avait
disparu.

30 Il fallait s'orienter: de toutes les îles qui entourent le

château d'If, Ratonneau et Pommègue sont les plus
proches ; mais Ratonneau et Pommègue sont habitées, il
en est ainsi de la petite île de Daume : l'île la plus sûre
était donc celle de Tiboulen ou de Lemaire ; les îles de
5 Tiboulen et de Lemaire sont à une lieue du château d'If.

Dantès ne résolut pas moins de gagner une de ces
deux îles, mais comment trouver ces îles au milieu de la
nuit qui s'épaississait à chaque instant autour de lui !

En ce moment, il vit briller comme une étoile le phare
10 de Planier.

En se dirigeant droit sur ce phare, il laissait l'île de
Tiboulen un peu à gauche ; en appuyant un peu à gauche,
il devait donc rencontrer cette île sur son chemin.

Mais, nous l'avons dit, il y avait une lieue au moins du
15 château d'If à cette île.

Une heure s'écoula, pendant laquelle Dantès, exalté
par le sentiment de la liberté qui avait envahi toute sa
personne, continua de fendre les flots dans la direction
qu'il s'était faite.

20   — Voyons, se disait-il, voilà bientôt une heure que je
nage, mais comme le vent m'est contraire j'ai dû perdre
un quart de ma rapidité ; cependant, à moins que je ne
me sois trompé de ligne, je ne dois pas être loin de
Tiboulen maintenant.... Mais, si je m'étais trompé !

25   Un frisson passa par tout le corps du nageur ; il essaya
de faire un instant la planche pour se reposer ; mais la
mer devenait de plus en plus forte, et il comprit bientôt

---

1 *Ratonneau, Pommègue, Daume, Tiboulen, Lemaire.* islands in the
Gulf of Lyons. It is to be noticed that the last one is called île Maire
(not Lemaire) on French maps. See map.

23 *ligne* = direction.    26 *faire .. la planche* see *planche.*

que ce moyen de soulagement, sur lequel il avait compté, était impossible.

— Eh bien ! dit-il, soit, j'irai jusqu'au bout, jusqu'à ce que mes bras se lassent, jusqu'à ce que les crampes enva-
5 hissent mon corps, et alors je coulerai à fond !

Et il se mit à nager avec la force et l'impulsion du désespoir.

Tout à coup il lui sembla que le ciel, déjà si obscur, s'assombrissait encore, qu'un nuage épais, lourd, com-
10 pact s'abaissait vers lui; en même temps, il sentit une violente douleur au genou : l'imagination, avec son incalculable vitesse, lui dit alors que c'était le choc d'une balle, et qu'il allait immédiatement entendre l'explosion du coup de fusil; mais l'explosion ne retentit pas.
15 Dantès allongea la main et sentit une résistance, il retira son autre jambe à lui et toucha la terre ; il vit alors quel était l'objet qu'il avait pris pour un nuage.

À vingt pas de lui s'élevait une masse de rochers bizarres, qu'on prendrait pour un foyer immense pétrifié
20 au moment de sa plus ardente combustion : c'était l'île de Tiboulen.

Dantès se releva, fit quelques pas en avant, et s'étendit. en remerciant Dieu, sur ces pointes de granit, qui lui semblèrent à cette heure plus douces que ne lui avait
25 jamais paru le lit le plus doux.

Puis, malgré le vent, malgré la tempête, malgré la pluie qui commençait à tomber, brisé de fatigue il s'endormit de ce délicieux sommeil de l'homme chez lequel le corps s'engourdit, mais dont l'âme veille avec la conscience
30 d'un bonheur inespéré.

Au bout d'une heure, Edmond se réveilla sous le grondement d'un immense coup de tonnerre : la tempête était déchaînée dans l'espace et battait l'air de son vol éclatant ; de temps en temps un éclair descendait du ciel
5 comme un serpent de feu, éclairant les flots et les nuages qui roulaient au-devant les uns des autres comme les vagues d'un immense chaos.

Dantès, avec son coup d'œil de marin, ne s'était pas trompé : il avait abordé à la première des deux îles, qui
10 est effectivement celle de Tiboulen. Il la savait nue, découverte et n'offrant pas le moindre asile ; mais quand la tempête serait calmée il se remettrait à la mer et gagnerait à la nage l'île Lemaire, aussi aride, mais plus large et par conséquent plus hospitalière.

15 Une roche qui surplombait offrit un abri momentané à Dantès, il s'y réfugia, et presque au même instant la tempête éclata dans toute sa fureur.

Il se rappela alors que depuis vingt-quatre heures il n'avait pas mangé : il avait faim, il avait soif.

20 Dantès étendit les mains et la tête, et but l'eau de la tempête dans le creux d'un rocher.

Comme il se relevait, un éclair qui semblait ouvrir le ciel jusqu'au pied du trône éblouissant de Dieu, illumina l'espace ; à la lueur de cet éclair, entre l'île Lemaire et
25 le cap Croisille, à un quart de lieue de lui, Dantès vit apparaître comme un spectre glissant du haut d'une vague dans un abîme, un petit bâtiment pêcheur emporté à la fois par l'orage et par le flot ; une seconde après, à la

13 *à la nage* · see *nage*
25 *le cap Croisille* : French maps have it *cap Croisette*. See map.

cime d'une autre vague, le fantôme reparut, s'approchant
avec une effroyable rapidité.  Dantès voulut crier, chercha
quelque lambeau de linge à agiter en l'air pour leur faire
voir qu'ils se perdaient, mais ils le voyaient bien eux-
5 mêmes.   A la lueur d'un autre éclair, le jeune homme vit
quatre hommes cramponnés aux mâts et aux étais ; un
cinquième se tenait à la barre du gouvernail brisé.  Ces
hommes qu'il voyait le virent aussi sans doute, car des
cris désespérés, emportés par la rafale sifflante, arrivèrent
10 à son oreille.  Au-dessus du mât, tordu comme un roseau,
claquait en l'air, à coups précipités, une voile en lambeaux ; tout à coup les liens qui la retenaient encore se
rompirent, et elle disparut, emportée dans les sombres
profondeurs du ciel, pareille à ces grands oiseaux blancs
15 qui se dessinent sur les nuages noirs.

En même temps un craquement effrayant se fit
entendre, des cris d'agonie arrivèrent jusqu'à Dantès.
Cramponné comme un sphinx à son rocher, d'où il
plongeait sur l'abîme, un nouvel éclair lui montra le petit
20 bâtiment brisé, et, parmi les débris, des têtes aux visages
désespérés, des bras étendus vers le ciel.

Puis tout rentra dans la nuit, le terrible spectacle avait
eu la durée de l'éclair.              .

Dantès se précipita sur la pente glissante des rochers,
25 au risque de rouler lui-même dans la mer ; il regarda, il
écouta, mais il n'entendit et ne vit plus rien : plus de cris,
plus d'efforts humains ; la tempête seule, continuait de
rugir avec les vents et d'écumer avec les flots.

Peu à peu le vent s'abattit ; le ciel roula vers l'occident

4 *qu'ils se perdaient*.  see *perdre*.

de gros nuages gris et pour ainsi dire déteints par l'orage :
l'azur reparut avec les étoiles plus scintillantes que jamais :
bientôt, vers l'est, une longue bande rougeâtre dessina à
l'horizon des ondulations d'un bleu noir ; les flots bondi-
5 rent, une subite lueur courut sur leurs cimes et changea
leurs cimes écumeuses en crinières d'or.

C'était le jour.

Dantès resta immobile et muet devant ce grand spectacle, comme s'il le voyait pour la première fois ; en effet,
10 depuis le temps qu'il était au château d'If, il l'avait oublié.
Il se retourna vers la forteresse, interrogeant à la fois d'un
long regard circulaire la terre et la mer.

Le sombre bâtiment sortait du sein des vagues avec
cette imposante majesté des choses immobiles, qui sem-
15 blent à la fois surveiller et commander.

Il pouvait être cinq heures du matin ; la mer continuait
de se calmer.

— Dans deux ou trois heures, se dit Edmond, le porte-
clefs va rentrer dans ma chambre, trouvera le cadavre de
20 mon pauvre ami, le reconnaîtra, me cherchera vainement
et donnera l'alarme. Alors on trouvera le trou, la galerie ;
on interrogera ces hommes qui m'ont lancé à la mer et
qui ont dû entendre le cri que j'ai poussé. Aussitôt des
barques remplies de soldats armés courront après le mal-
25 heureux fugitif, qu'on sait bien ne pas être loin. Le
canon avertira toute la côte, qu'il ne faut point donner
asile à un homme qu'on rencontrera errant, nu et affamé.
Les espions et les alguazils de Marseille seront avertis et
battront la côte, tandis que le gouverneur du château d'If
30 fera battre la mer. Alors, traqué sur l'eau, cerné sur la

terre, que deviendrai-je? J'ai faim, j'ai froid, j'ai lâché jusqu'au couteau sauveur qui me gênait pour nager ; je suis à la merci du premier paysan qui voudra gagner vingt francs en me livrant ; je n'ai plus ni force, ni idée, ni 5 résolution.   O mon Dieu ! mon Dieu ! voyez si j'ai assez souffert, et si vous pouvez faire pour moi plus que je ne puis faire moi-même.

Au moment où Edmond, dans une espèce de délire occasionné par l'épuisement de sa force et le vide de son 10 cerveau prononçait, anxieusement tourné vers le château d'If, cette prière ardente, il vit apparaître, dessinant sa voile latine à l'horizon, et pareil à une mouette qui vole en rasant le flot, un petit bâtiment que l'œil d'un marin pouvait seul reconnaître pour une tartane génoise sur la 15 ligne encore à demi obscure de la mer.   Elle venait du port de Marseille et gagnait le large en poussant l'écume étincelante devant la proue aiguë qui ouvrait une route plus facile à ses flancs rebondis.

—Oh ! s'écria Edmond, dire que dans une demi-20 heure j'aurais rejoint ce navire si je ne craignais pas d'être questionné, reconnu pour un fugitif et reconduit à Marseille !   Que faire? que dire? quelle fable inventer dont ils puissent être la dupe?   Ces gens sont tous des contrebandiers, des demi-pirates.   Sous prétexte de faire 25 le cabotage, ils écument les côtes ; ils aimeront mieux me vendre que de faire une bonne action stérile.

---

12 *voile latine*   see *latin*.

14 *tartane*   a small vessel, mainly used in the Mediterranean, rather long and carrying but one mast and a " Latin sail "; see note above.

16 *le large*.  see *large*.      25 *ils écument les côtes*:  see *écumer*.

« Attendons.

« Mais attendre est chose impossible : je meurs de faim ; dans quelques heures le peu de forces qui me reste sera évanoui : d'ailleurs l'heure de la visite approche ;
5 l'éveil n'est pas encore donné, peut-être ne se doutera-t-on de rien : je puis me faire passer pour un des matelots de ce petit bâtiment qui s'est brisé cette nuit. Cette fable ne manquera point de vraisemblance ; nul ne viendra pour me contredire, ils sont bien engloutis tous. Allons. »
10 Et, tout en disant ces mots, Dantès tourna les yeux vers l'endroit où le petit navire s'était brisé, et tressaillit. À l'arête d'un rocher était resté accroché le bonnet phrygien d'un des matelots naufragés, et tout près de là flottaient quelques débris de la carène, solives inertes que
15 la mer poussait et repoussait contre la base de l'île, qu'elles battaient comme d'impuissants béliers.

En un instant la résolution de Dantès fut prise ; il se remit à la mer, nagea vers le bonnet, s'en couvrit la tête, saisit une des solives et se dirigea pour couper la ligne
20 que devait suivre le bâtiment.

— Maintenant, je suis sauvé, murmura-t-il.

Et cette conviction lui rendit ses forces.

Cependant le navire et le nageur approchaient insensiblement l'un de l'autre ; dans une de ses bordées, le
25 petit bâtiment vint même à un quart de lieue à peu près de Dantès. Il se souleva alors sur les flots, agitant son bonnet en signe de détresse ; mais personne ne le vit sur le

12 *bonnet phrygien* · a sort of cap worn by the inhabitants of Phrygia (a small country of Asia Minor) had been adopted by the French Revolutionists as the emblem of Liberty.

bâtiment, qui vira de bord et recommença une nouvelle bordée. Dantès songea à appeler ; mais il mesura de l'œil la distance et comprit que sa voix n'arriverait point jusqu'au navire, emportée et couverte qu'elle serait 5 auparavant par la brise de la mer et le bruit des flots.

C'est alors qu'il se félicita de cette précaution qu'il avait prise de s'étendre sur une solive. Affaibli comme il était, peut-être n'eût-il pas pu se soutenir sur la mer jusqu'à ce qu'il eût rejoint la tartane ; et, à coup sûr, si 10 la tartane, ce qui était possible, passait sans le voir, il n'eût pas pu regagner la côte.

Dantès, quoiqu'il fût à peu près certain de la route que suivait le bâtiment, l'accompagna des yeux avec une certaine anxiété, jusqu'au moment où il lui vit faire son 15 abatée et revenir à lui.

Alors il s'avança à sa rencontre ; mais avant qu'ils se fussent joints, le bâtiment commença à virer de bord.

Aussitôt Dantès, par un effort suprême, se leva presque debout sur l'eau, agitant son bonnet, et jetant un de ces 20 cris lamentables comme en poussent les marins en détresse, et qui semblent la plainte de quelque génie de la mer.

Cette fois on le vit et on l'entendit. La tartane interrompit sa manœuvre et tourna le cap de son côté. En 25 même temps il vit qu'on se préparait à mettre une chaloupe à la mer.

Un instant après, la chaloupe, montée par deux hommes, se dirigea de son côté, battant la mer de son double aviron. Dantès alors laissa glisser la solive dont

1 *vira de bord*  **see bord.**      24 *tourna le cap :* **see cap.**

il pensait n'avoir plus besoin, et nagea vigoureusement pour épargner la moitié du chemin à ceux qui venaient à lui.

Cependant le nageur avait compté sur des forces pres-
5 que absentes ; ce fut alors qu'il sentit de quelle utilité lui avait été ce morceau de bois qui flottait déjà, inerte, à cent pas de lui. Ses bras commençaient à se roidir, ses jambes avaient perdu leur flexibilité, ses mouvements devenaient durs et saccadés, sa poitrine était haletante.

10 Il poussa un grand cri, les deux rameurs redoublèrent d'énergie, et l'un d'eux lui cria en italien :

— Courage !

Le mot lui arriva au moment où une vague, qu'il n'avait plus la force de surmonter, passait au-dessus de
15 sa tête et le couvrait d'écume.

Il reparut battant la mer de ces mouvements inégaux et désespérés d'un homme qui se noie, poussa un troisième cri, et se sentit enfoncer dans la mer, comme s'il eût eu encore au pied le boulet mortel.

20 L'eau passa par-dessus sa tête, et à travers l'eau il vit le ciel livide avec des taches noires.

Un violent effort le ramena à la surface de la mer. Il lui sembla alors qu'on le saisissait par les cheveux ; puis il ne vit plus rien, il n'entendit plus rien ; il était évanoui.

## SAUVÉ — LE DÉNOUEMENT S'ESQUISSE

25 Lorsqu'il rouvrit les yeux, Dantès se retrouva sur le pont de la tartane, qui continuait son chemin ; son premier regard fut pour voir quelle direction elle suivait, on continuait de s'éloigner du château d'If.

Dantès était tellement épuisé, que l'exclamation de joie qu'il fit fut prise pour un soupir de douleur.

Comme nous l'avons dit, il était couché sur le pont : un matelot lui frottait les membres avec une couverture 5 de laine ; un autre, qu'il reconnut pour celui qui lui avait crié : « Courage ! » lui introduisait l'orifice d'une gourde dans la bouche ; un troisième, vieux marin, qui était à la fois le pilote et le patron, le regardait avec le sentiment de pitié égoïste qu'éprouvent en général les hommes pour 10 un malheur auquel ils ont échappé la veille et qui peut les atteindre le lendemain.

Quelques gouttes de rhum, que contenait la gourde, ranimèrent le cœur défaillant du jeune homme, tandis que les frictions que le matelot, à genoux devant lui, 15 continuait d'opérer avec de la laine, rendaient l'élasticité à ses membres.

—Qui êtes-vous? demanda en mauvais français le patron.

—Je suis, répondit Dantès en mauvais italien, un 20 matelot maltais, nous venions de Syracuse, nous étions chargés de vin et de farine. Le grain de cette nuit nous a surpris, et nous avons été brisés contre ces rochers que vous voyez là-bas.

—D'où venez-vous ?

25 —De ces rochers où j'avais eu le bonheur de me cramponner, tandis que notre pauvre capitaine s'y brisait la tête. Nos trois autres compagnons se sont noyés. Je crois que je suis le seul qui reste vivant ; j'ai aperçu votre navire, et, craignant d'avoir longtemps à attendre sur

20 *Syracuse :* a seaport city of Sicily.

cette île isolée et déserte, je me suis hasardé sur un débris de notre bâtiment pour essayer de venir jusqu'à vous. Merci, continua Dantès, vous m'avez sauvé la vie ; j'étais perdu quand l'un de vos matelots m'a saisi par les 5 cheveux.

—C'est moi, dit un matelot à la figure franche et ouverte, encadrée de longs favoris noirs ; et il était temps, vous couliez.

—Oui, dit Dantès en lui tendant la main, oui, mon 10 ami, et je vous remercie une seconde fois.

—Ma foi ! dit le marin, j'hésitais presque ; avec votre barbe de six pouces de long et vos cheveux d'un pied, vous aviez plus l'air d'un brigand que d'un honnête homme.

Dantès se rappela effectivement que depuis qu'il était 15 au château d'If il ne s'était pas coupé les cheveux, et ne s'était point fait la barbe.

—Oui, dit-il, c'est un vœu que j'avais fait à la Vierge dans un moment de danger, d'être dix ans sans couper mes cheveux ni ma barbe. C'est aujourd'hui l'expiration 20 de mon vœu, et j'ai failli me noyer pour mon anniversaire.

—Maintenant, qu'allons-nous faire de vous ? demanda le patron.

—Hélas ! répondit Dantès, ce que vous voudrez : la felouque que je montais est perdue, le capitaine est mort ; 25 comme vous le voyez, j'ai échappé au même sort, mais absolument nu ; heureusement, je suis assez bon matelot ; jetez-moi dans le premier port où vous relâcherez, et je trouverai toujours de l'emploi sur un bâtiment-marchand.

15 *il...ne s'était point fait la barbe :* see *barbe.*
28 *bâtiment-marchand ·* see *marchand.*

— Vous connaissez la Méditerranée ?

— J'y navigue depuis mon enfance.

— Vous savez les bons mouillages ?

— Il y a peu de ports, même des plus difficiles, dans
5 lesquels je ne puisse entrer ou dont je ne puisse sortir
les yeux fermés

— Eh bien ! dites donc, patron, demanda le matelot
qui avait crié courage à Dantès, si le camarade dit vrai,
qui empêche qu'il reste avec nous ?

10 — Oui, s'il dit vrai, dit le patron d'un air de doute,
mais dans l'état où est le pauvre diable, on promet beaucoup, quitte à tenir ce que l'on peut.

— Je tiendrai plus que je n'ai promis, dit Dantès.

— Oh ! oh ! fit le patron en riant, nous verrons
15 cela.

— Quand vous voudrez, reprit Dantès en se relevant.
Où allez-vous ?

— À Livourne ; prenez le gouvernail, que nous jugions
de votre science.

20 Le jeune homme alla s'asseoir au gouvernail, s'assura
par une légère pression que le bâtiment était obéissant;
et, pendant quelque temps, dirigea la felouque avec une
habileté consommée.

— Bravo ! dit le patron.

25 — Bravo ! répétèrent les matelots.

Et tous regardaient, émerveillés, cet homme dont le

6 *Les yeux fermés*, supply *with* and note the use of the definite article
instead of the possessive form in English. Cf. note, page 18, l. 13.

12 *quitte à tenir* see *tenir.*

18 *Livourne* Leghorn, a seaport city of Italy, Province of Pisa, on
*the Mediterranean*, 62 miles southwest of Florence.

regard avait retrouvé une intelligence et le corps une vigueur qu'on était loin de soupçonner en lui.

— Vous voyez, dit Dantès en quittant la barre, que je pourrai vous être de quelque utilité, pendant la traversée 5 du moins. Si vous ne voulez pas de moi à Livourne, eh bien ! vous me laisserez là ; et, sur mes premiers mois de solde, je vous rembourserai ma nourriture jusque-là et les habits que vous allez me prêter.

— C'est bien, c'est bien, dit le patron ; nous pourrons 10 nous arranger si vous êtes raisonnable.

— Un homme vaut un homme, dit Dantès ; ce que vous donnez aux camarades vous me le donnerez, et tout sera dit.

Dantès n'avait point encore passé un jour à bord, qu'il 15 avait déjà reconnu à qui il avait affaire, il était à bord d'un bâtiment contrebandier.

Aussi le patron avait-il reçu Dantès à bord avec une certaine défiance : il était fort connu de tous les douaniers de la côte, et, comme c'était entre ces messieurs et lui un 20 échange de ruses plus adroites les unes que les autres, il avait pensé d'abord que Dantès était un émissaire de dame gabelle, qui employait cet ingénieux moyen de pénétrer quelques-uns des secrets du métier. Mais la manière brillante avec laquelle Dantès avait gouverné le 25 bateau l'avait entièrement convaincu Ce fut donc dans cette situation que l'on arriva à Livourne. La première chose que fit Edmond en débarquant fut d'entrer chez un barbier pour se faire couper la barbe et les cheveux et

22 *dame gabelle.* see *gabelle. Gabelle,* before the Revolution, was the name given to the very unpopular tax on salt.

ensuite d'acheter un vêtement complet de matelot : ce vêtement, comme on le sait, est fort simple : il se compose d'un pantalon blanc, d'une chemise rayée et d'un bonnet phrygien.

5 C'est sous ce costume, qu'Edmond reparut devant le patron de la *Jeune-Amélie*, auquel il fut obligé de répéter son histoire.  Le patron ne voulait pas reconnaître dans ce matelot coquet et élégant l'homme à la barbe épaisse, aux cheveux mêlés d'algues et au corps trempé d'eau de 10 mer, qu'il avait recueilli nu et mourant sur le pont de son navire.

Entraîné par sa bonne mine, il renouvela donc á Dantès ses propositions d'engagement ; mais Dantès, qui avait ses projets, ne les voulut accepter que pour trois mois.

15 Au reste, c'était un équipage fort actif que celui de la *Jeune-Amélie*, et soumis aux ordres d'un patron qui avait pris l'habitude de ne pas perdre son temps.  À peine était-il depuis huit jours à Livourne, que les flancs rebondis du navire étaient remplis de mousselines peintes, 20 de cotons prohibés, de poudre anglaise et de tabac sur lequel la régie avait oublié de mettre son cachet.  Il s'agissait de faire sortir tout cela de Livourne, port franc, et de débarquer sur le rivage de la Corse, d'où certains spéculateurs se chargeaient de faire passer la cargaison en 25 France.

6 *la Jeune-Amélie*, the name of the boat that saved Dantès.

20 *sur lequel … cachet*, that is, on which the internal tax had not been paid.

22 *port franc* · a seaport where no tax or duty of any sort is collected on goods whether imported or exported.

23 *Corse :* cf. page 83, l. 7.

On partit ; Edmond fendit de nouveau cette mer azurée, premier horizon de sa jeunesse, qu'il avait revu si souvent dans les rêves de sa prison et s'avança vers la patrie de Paoli et de Napoléon.

5 Le lendemain, en montant sur le pont, ce qu'il faisait toujours d'assez bonne heure, le patron trouva Dantès appuyé à la muraille du bâtiment et regardant avec une expression étrange un entassement de rochers granitiques que le soleil levant inondait d'une lumière rosée : c'était 10 l'île de Monte-Cristo.

La *Jeune-Amélie* la laissa à trois quarts de lieue à peu près à tribord et continua son chemin vers la Corse.

Dantès songeait, tout en longeant cette île au nom si 15 retentissant pour lui, qu'il n'aurait qu'à sauter à la mer et que dans une demi-heure il serait sur cette terre promise. Mais là que ferait-il, sans instruments pour découvrir son trésor, sans armes pour le défendre ? D'ailleurs, que diraient les matelots ? que penserait le patron ? Il fallait 20 attendre.

Heureusement Dantès savait attendre . il avait attendu quatorze ans sa liberté ; il pouvait bien, maintenant qu'il était libre, attendre six mois ou un an la richesse.

D'ailleurs cette richesse n'était-elle pas toute chimé-25 rique ? Née dans le cerveau malade du pauvre abbé Faria, n'était-elle pas morte avec lui ?

---

3 *la patrie de Paoli et de Napoléon · i.e.* Corsica. Paoli was a Corsican patriot who headed his compatriots when they rose in revolution first against the Genoese and later on against the French. He died in England (1726–1807).

Il est vrai que cette lettre du cardinal Spada était
étrangement précise.

Et Dantès répétait d'un bout à l'autre dans sa mémoire
cette lettre, dont il n'avait pas oublié un mot.

5  Le soir vint ; Edmond vit l'île passer par toutes les
teintes que le crépuscule amène avec lui, et se perdre
pour tout le monde dans l'obscurité ; mais lui, avec son
regard habitué à l'obscurité de la prison, il continua sans
doute de la voir, car il demeura le dernier sur le pont.

10  Le lendemain, toute la journée, on courut des bordées,
le soir des feux s'allumèrent sur la côte.  À la disposition
de ces feux on reconnut sans doute qu'on pouvait débarquer, car un fanal monta au lieu de pavillon à la corne du
petit bâtiment, et l'on s'approcha à portée de fusil du ri-
15 vage.

Quatre chaloupes s'approchèrent à petit bruit du bâtiment, qui, sans doute pour leur faire honneur, mit sa propre chaloupe à la mer ; tant il y a que les cinq chaloupes
s'escrimèrent si bien, qu'à deux heures du matin tout le
20 chargement était passé du bord de la *Jeune-Amélie* sur la
terre ferme.

La nuit même, tant le patron de la *Jeune-Amélie* était
un homme d'ordre, la répartition de la prime fut faite :
chaque homme eut cent livres toscanes de part, c'est à
25 dire à peu près quatre-vingts francs de notre monnaie.

La tartane mit alors à la voile et repartit pour Livourne.

Dantès avait passé devant son île de Monte-Cristo, mais

11 *s'allumèrent* see *s'allumer.*
14 *à portée de fusil* see *fusil.*
18 *tant il y a que.* see *tant.*

dans tout cela il n'avait pas une seule fois trouvé l'occasion d'y débarquer.

Il avait donc pris une résolution :

C'était, aussitôt que son engagement avec le patron de
5 la *Jeune-Amélie* aurait pris fin, de louer une petite barque pour son propre compte et, sous un prétexte quelconque, de se rendre à l'île de Monte-Cristo.

Là il ferait en toute liberté ses recherches.

Non pas en toute liberté, car il serait, sans aucun doute,
10 espionné par ceux qui l'auraient conduit.

Mais dans ce monde il faut bien risquer quelque chose.

La prison avait rendu Edmond prudent, et il aurait bien voulu ne rien risquer.

15 Mais il avait beau chercher dans son imagination, si féconde qu'elle fût, il ne trouvait pas d'autres moyens d'arriver à l'île tant souhaitée que de s'y faire conduire.

Dantès flottait dans cette hésitation, lorsque le patron, qui avait mis une grande confiance en lui, et qui avait
20 grande envie de le garder à son service, le prit un soir par le bras et l'emmena dans une taverne dans laquelle avait l'habitude de se réunir ce qu'il y a de mieux en contrebandiers à Livourne.

C'était là que se traitaient d'habitude les affaires de la
25 côte.

Il était question d'une grande affaire : il s'agissait d'un bâtiment chargé de tapis turcs, d'étoffes du Levant et de cachemire ; il fallait trouver un terrain neutre où l'échange

---

18 *flottait dans cette hésitation* see *hésitation.*

22 *ce qu'il y a de mieux en contrebandiers :* see *contrebandier.*

pût se faire ; puis tenter de jeter ces objets sur les côtes de France.

Le patron de la *Jeune-Amélie* proposa comme lieu de débarquement l'île de Monte-Cristo.

5    À ce nom de Monte-Cristo, Dantès tressaillit de joie.

Consulté, il fut d'avis que l'île offrait toutes les sécurités possibles, et que les grandes entreprises pour réussir avaient besoin d'être menées vite.

Il fut donc convenu que l'on appareillerait le lendemain
10 soir, et que l'on tâcherait, la mer étant belle et le vent favorable, de se trouver le surlendemain soir dans les eaux de l'île neutre.

## L'ÎLE DE MONTE–CRISTO

Enfin Dantès, par un de ces bonheurs inespérés qui arrivent parfois à ceux sur lesquels la rigueur du sort s'est
15 longtemps lassée, Dantès allait arriver à son but par un moyen simple et naturel, et mettre le pied dans l'île sans inspirer à personne aucun soupçon.

Une nuit le séparait seulement de ce départ tant attendu.

20    Cette nuit fut une des plus fiévreuses que passa Dantès. Pendant cette nuit, toutes les chances bonnes et mauvaises se présentèrent tour à tour à son esprit : s'il fermait les yeux, il voyait la lettre du cardinal Spada écrite en caractères flamboyants sur la muraille ; s'il s'endormait un
25 instant, les rêves les plus insensés venaient tourbillonner dans son cerveau.

10  *la mer étant belle* : see *mer*.

Le jour vint presque aussi fébrile que l'avait été la nuit ; mais il amena la logique à l'aide de l'imagination, et Dantès put arrêter un plan jusqu'alors vague et flottant dans son cerveau.

5    Le soir vint, et avec le soir les préparatifs du départ.

À sept heures tout fut prêt ; à sept heures dix minutes on doublait le phare juste au moment où le phare s'allumait.

La mer était calme, avec un vent frais venant du sud-
10 est. Dantès déclara que tout le monde pouvait se coucher et qu'il se chargeait du gouvernail.

Quand le Maltais (c'est ainsi que l'on appelait Dantès) avait fait une pareille déclaration, cela suffisait, et chacun s'en allait coucher tranquille.

15    Cela arrivait quelquefois : Dantès, rejeté de la solitude dans le monde, éprouvait de temps en temps d'impérieux besoins de solitude. Or, quelle solitude à la fois plus immense et plus poétique que celle d'un bâtiment qui flotte isolé sur la mer, pendant l'obscurité de la nuit, dans le
20 silence de l'immensité ?

Cette fois, la solitude fut peuplée de ses pensées, la nuit éclairée par ses illusions, le silence animé par ses promesses.

Quand le patron se réveilla, le navire marchait sous
25 toutes voiles : il n'y avait pas un lambeau de toile qui ne fût gonflé par le vent ; on faisait plus de deux lieues et demie à l'heure.

L'île de Monte-Cristo grandissait à l'horizon.

Vers cinq heures du soir, on eut la vue complète de

24  *sous toutes voiles:* see *voile.*

l'île.   On en apercevait les moindres détails, grâce à cette limpidité atmosphérique qui est particulière à la lumière que versent les rayons du soleil à son déclin.

Edmond dévorait des yeux cette masse de rochers.

5   Jamais joueur dont toute la fortune est en jeu n'eut, sur un coup de dés, les angoisses que ressentait Edmond dans ses paroxysmes d'espérance.

La nuit vint : à dix heures du soir on aborda.

Dantès, malgré son empire ordinaire sur lui-même, ne 10 put se contenir : il sauta le premier sur le rivage ; s'il l'eût osé, comme Brutus, il eût baisé la terre.

Le lendemain, il prit un fusil, du plomb et de la poudre, et il manifesta le désir d'aller tuer quelqu'une de ces nombreuses chèvres sauvages que l'on voyait sauter 15 de rocher en rocher.   On n'attribua cette excursion de Dantès qu'à l'amour de la chasse ou au désir de la solitude.

Tout en suivant le rivage de la mer et en examinant les moindres objets avec une attention sérieuse, il crut 20 remarquer sur certains rochers des entailles creusées par la main de l'homme.

Le temps, qui jette sur toute chose physique son manteau de mousse, comme sur les choses morales son

---

5 *en jeu*  see *jeu*              6 *coup de dés.* see *dé*.

11 *comme Brutus, il eût baisé la terre ·* (Lucius Junius) Brutus, who founded the Roman Republic (508 B.C.), was a legendary Roman patriot who was supposed to be the son of Tarquinia, the sister of King Tarquin the Proud   As the oracle had announced that the power would belong to him who kissed his mother first, he threw himself on the ground and kissed the earth, the mother of all of us, thus fulfilling the *conditions* required by the oracle.

manteau d'oubli, semblait avoir respecté ces signes tracés
avec une certaine régularité, et dans le but probablement
d'indiquer une trace ; de temps en temps cependant ces
signes disparaissaient sous des touffes de myrtes, qui
5 s'épanouissaient en gros bouquets chargés de fleurs, ou
sous des lichens parasites.    Il fallait alors qu'Edmond
écartât les branches ou soulevât les mousses pour retrouver les signes indicateurs qui le guidaient.

    Cependant, à soixante pas du port à peu près, il sembla
10 à Edmond, que les entailles s'arrêtaient.    Un gros rocher
rond, posé sur une base solide était le but auquel elles
semblassent conduire.    Edmond pensa qu'au lieu d'être
arrivé à la fin, il n'était peut-être, tout au contraire, qu'au
commencement ; il prit en conséquence le contre-pied et
15 retourna sur ses pas.

    Pendant ce temps ses compagnons préparaient le
déjeuner, allaient puiser de l'eau à la source, transpor-
taient le pain et les fruits à terre et faisaient cuire un
chevreau.    Juste au moment où ils le tiraient de la
20 broche, ils aperçurent Edmond qui, léger et hardi comme
un chamois, sautait de rocher en rocher : ils tirèrent un
coup de fusil pour lui donner le signal.    Le chasseur
changea aussitôt de direction, et revint tout courant à
eux.    Mais au moment où tous le suivaient des yeux dans
25 l'espèce de vol qu'il exécutait, taxant son adresse de
témérité, comme pour donner raison à leurs craintes le
pied manqua à Edmond ; on le vit chanceler à la cime
d'un rocher, pousser un cri et disparaître.

--------

14 *il prit...le contre-pied :* see *contre-pied.*

Tous bondirent d'un seul élan, car tous aimaient Edmond, malgré sa supériorité.

On trouva Edmond étendu sanglant et presque sans
connaissance ; il avait dû rouler d'une hauteur de douze
5 ou quinze pieds.   On lui introduisit dans la bouche quelques gouttes de rhum, et ce remède le ranima.

Edmond rouvrit les yeux, se plaignit de souffrir une
vive douleur au genou, une grande pesanteur à la tête
et des élancements insupportables dans les reins.   On
10 voulut le transporter jusqu'au rivage ; mais lorsqu'on le
toucha, il déclara en gémissant qu'il ne se sentait point
la force de supporter le transport.

On comprend qu'il ne fut point question de déjeuner
pour Dantès ; mais il exigea que ses camarades, qui
15 n'avaient pas les mêmes raisons que lui pour faire diète,
retournassent à leur poste.   Quant à lui, il prétendit qu'il
n'avait besoin que d'un peu de repos, et qu'à leur retour
ils le trouveraient soulagé.

Les marins ne se firent pas trop prier : les marins
20 avaient faim, l'odeur du chevreau arrivait jusqu'à eux et
l'on n'est point cérémonieux entre loups de mer.

Une heure après ils revinrent.   Tout ce qu'Edmond
avait pu faire, c'était de se traîner pendant un espace
d'une dizaine de pas pour s'appuyer à une roche moussue.
25   Mais, loin de se calmer, les douleurs de Dantès avaient
semblé croître en violence.   Le vieux patron, qui était
forcé de partir dans la matinée, insista pour que Dantès
essayât de se lever.   Dantès fit des efforts surhumains

21 *loups de mer* . see *mer*.

pour se rendre à cette invitation ; mais à chaque effort il retombait plaintif et pâlissant.

—Il a les reins cassés, dit tout bas le patron : n'importe ! c'est un bon compagnon, et il ne faut pas l'aban-
5 donner ; tâchons de le transporter jusqu'à la tartane.

Mais Dantès déclara qu'il aimait mieux mourir où il était que de supporter les douleurs atroces que lui occasionnerait le mouvement, si faible qu'il fût.

—Eh bien, dit le patron, advienne que pourra, mais
10 il ne sera pas dit que nous avons laissé sans secours un brave compagnon comme vous. Nous ne partirons que ce soir.

Cette proposition étonna fort les matelots, quoique aucun d'eux ne la combattît, au contraire. Le patron
15 était un homme si rigide, que c'était la première fois qu'on le voyait renoncer à une entreprise ou même retarder son exécution.

Aussi Dantès ne voulut-il pas souffrir qu'on fît en sa faveur une si grave infraction aux règles de la discipline
20 établie à bord.

—Non, dit-il au patron, j'ai été un maladroit, et il est juste que je porte la peine de ma maladresse. Laissez-moi une petite provision de biscuit, un fusil, de la poudre et des balles pour tuer des chevreaux, ou même pour me
25 défendre, et une pioche pour me construire, si vous tardiez trop à me venir prendre, une espèce de maison.

—Mais tu mourras de faim, dit le patron.

—J'aime mieux cela, répondit Edmond que de souffrir

3 *Il a les reins cassés* see *reins*
9 *advienne que pourra* · a proverb, trans. *happen what may.*

les douleurs inouïes qu'un seul mouvement me fait endurer.

Les contrebandiers laissèrent à Edmond ce qu'il demandait et s'éloignèrent non sans se retourner plusieurs 5 fois, lui faisant à chaque fois qu'ils se retournaient tous les signes d'un cordial adieu, auquel Edmond répondait de la main seulement comme s'il ne pouvait remuer le reste du corps.

Puis, lorsqu'ils eurent disparu :

10 —C'est étrange, murmura Dantès en riant, que ce soit parmi de pareils hommes que l'on trouve des preuves d'amitié et des actes de dévouement.

Alors il se traîna avec précaution jusqu'au sommet d'un rocher qui lui dérobait l'aspect de la mer, et de là il vit 15 la tartane achever son appareillage, lever l'ancre, se balancer gracieusement comme une mouette qui va prendre son vol, et partir.

Au bout d'une heure elle avait complètement disparu : du moins de l'endroit où était demeuré le blessé il était 20 impossible de la voir.

Alors Dantès se releva plus souple et plus léger qu'un des chevreaux qui bondissaient parmi les myrtes et les lentisques sur ces rochers sauvages, prit son fusil d'une main, sa pioche de l'autre, et courut à cette roche à 25 laquelle aboutissaient les entailles qu'il avait remarquées sur les rochers.

—Et maintenant, s'écria-t-il, maintenant, Sésame, ouvre-toi !

27 *Sésame, ouvre-toi* : a magic formula taken from a tale in the "Arabian Nights." The term is used to signify the means through which all difficulties are conquered.

## LA DÉCOUVERTE DU TRÉSOR

Dantès, comme nous l'avons dit, avait repris le contre-pied des entailles laissées sur les rochers, et il avait vu que cette ligne conduisait à une espèce de petite crique cachée.   Cette crique était assez large à son ouverture et 5 assez profonde à son centre pour qu'un petit bâtiment pût y entrer et y demeurer caché.   Alors, en suivant le fil des inductions, ce fil qu'aux mains de l'abbé Faria il avait vu guider l'esprit d'une façon si ingénieuse dans le dédale des probabilités, il songea que le cardinal Spada, dans son 10 intérêt à ne pas être vu, avait abordé à cette crique, y avait caché son petit bâtiment, avait suivi la ligne indiquée par des entailles, et avait, à l'extrémité de cette ligne, enfoui son trésor.

C'était cette supposition qui avait ramené Dantès près 15 du rocher circulaire.

Seulement cette chose inquiétait Edmond et boulever-sait toutes les idées qu'il avait en dynamique : comment avait-on pu sans employer des forces considérables hisser ce rocher, qui pesait peut-être cinq ou six milliers, sur 20 l'espèce de base où il reposait ?

Tout à coup une idée vint à Dantès.   Au lieu de le faire monter, se dit-il, on l'aura fait descendre.

Et lui-même s'élança au-dessus du rocher, afin de chercher la place de sa base première.

25   En effet, bientôt il vit qu'une pente légère avait été pratiquée ; le rocher avait glissé sur sa base et était venu

---

19 *milliers :* supply *de livres ; i.e.* pounds.

s'arrêter à l'endroit voulu ; un autre rocher, gros comme
une pierre de taille ordinaire, lui avait servi de cale ; des
pierres et des cailloux avaient été soigneusement rajustés
pour faire disparaître toute solution de continuité ; cette
5 espèce de petit ouvrage en maçonnerie avait été recou-
vert de terre végétale, l'herbe y avait poussé, la mousse
s'y était étendue, quelques semences de myrtes et de
lentisques s'y étaient arrêtées, et le vieux rocher semblait
soudé au sol.

10    Dantès enleva avec précaution la terre, et reconnut ou
crut reconnaître tout cet ingénieux artifice.

Alors il se mit à attaquer avec sa pioche cette muraille
intermédiaire cimentée par le temps.

Après un travail de dix minutes la muraille céda, et un
15 trou à y fourrer le bras fut ouvert.

Dantès alla couper l'olivier le plus fort qu'il put trouver,
le dégarnit de ses branches, l'introduisit dans le trou et en
fit un levier.

Mais le roc était à la fois trop lourd et calé trop solide-
20 ment par le rocher inférieur, pour qu'une force humaine,
fût-ce celle d'Hercule lui-même, pût l'ébranler.

Dantès réfléchit alors que c'était cette cale elle-même
qu'il fallait attaquer.

Mais par quel moyen ?

25 Dantès jeta les yeux autour de lui, comme font les

---

4 *solution de continuité* · see *continuité*, also cf. page 55, l. 16.

14 *un trou à* in translating, supply *assez grand pour* after *trou* and
drop *à*

21 *Hercule* Hercules, a celebrated demigod of antiquity, and re-
puted son of Jupiter by Alcmena, was endowed with prodigious strength.

hommes embarrassés ; et son regard tomba sur sa corne pleine de poudre.

Il sourit : l'invention infernale allait faire son œuvre.

À l'aide de sa pioche Dantès creusa, entre le rocher
5 supérieur et celui sur lequel il était posé, un conduit de mine comme ont l'habitude de faire les pionniers, lorsqu'ils veulent épargner au bras de l'homme une trop grande fatigue, puis il le bourra de poudre ; puis, effilant son mouchoir et le roulant dans le salpêtre, il en fit une
10 mèche.

Le feu mis à cette mèche, Dantès s'éloigna.

L'explosion ne se fit pas attendre : le rocher supérieur fut en un instant soulevé par l'incalculable force et le rocher inférieur vola en éclats.

15 Dantès s'approcha : le rocher supérieur, désormais sans appui, inclinait vers l'abîme ; l'intrépide chercheur en fit le tour, choisit l'endroit le plus vacillant, appuya son levier dans une de ses arêtes et pareil à Sisyphe, se raidit de toute sa puissance contre le rocher qui céda, roula,
20 bondit, se précipita et disparut s'engloutissant dans la mer.

Il laissait découverte une place circulaire, et mettait au jour un anneau de fer scellé au milieu d'une dalle de forme carrée.

Dantès poussa un cri de joie et d'étonnement : jamais
25 plus magnifique résultat n'avait couronné une première tentative ; il passa son levier dans l'anneau, leva vigou-

---

18 *Sisyphe :* Sisyphus, the son of Aeolus and King of Corinth, who for his treachery and deceit was condemned in the infernal regions forever to roll a huge stone up a mountain, down which it always rolled again as soon as he had reached the top.

21 *mettait au jour :* see *jour.*

reusement, et la dalle descellée s'ouvrit, découvrant la
pente rapide d'une sorte d'escalier qui allait s'enfonçant
dans l'ombre d'une grotte de plus en plus obscure.

Alors il descendit.

5    Au lieu des ténèbres qu'il s'était attendu à trouver, au
lieu d'une atmosphère opaque et viciée, Dantès ne vit
qu'une douce lueur décomposée en jour bleuâtre ; l'air
et la lumière filtraient non seulement par l'ouverture qui
venait d'être pratiquée, mais encore par des gerçures de
10 rochers invisibles du sol extérieur, et à travers lesquelles
on voyait l'azur du ciel.

Après quelques secondes de séjour dans cette grotte,
le regard de Dantès put sonder les angles les plus reculés
de la caverne.

15    Il se rappela les termes du testament, qui'il savait par
cœur : «Dans l'angle le plus éloigné de la seconde
ouverture, » disait ce testament.

Dantès avait pénétré seulement dans la première
grotte, il fallait chercher maintenant l'entrée de la
20 seconde.

Dantès s'orienta : cette seconde grotte devait naturellement s'enfoncer dans l'intérieur de l'île ; il examina
les souches des pierres, et il alla frapper à une des parois
qui lui parut celle où devait être cette ouverture, mas-
25 quée sans doute pour plus grande précaution.

La pioche résonna pendant un instant, tirant du rocher
un son mat dont la compacité faisait germer la sueur au
front de Dantès ; enfin il sembla au mineur persévérant
qu'une portion de la muraille granitique répondait par un
30 écho plus profond à l'appel qui lui était fait ; il rap-

procha son regard ardent de la muraille et reconnut,
avec le tact du prisonnier, ce que nul autre n'eût
reconnu peut-être : c'est qu'il devait y avoir là une
ouverture.

5 Cependant, pour ne pas faire une besogne inutile,
Dantès sonda les autres parois avec sa pioche, interrogea
le sol avec la crosse de son fusil, ouvrit le sable aux
endroits suspects, et n'ayant rien trouvé, rien reconnu,
revint à la portion de la muraille qui rendait ce son
10 consolateur.

Il frappa de nouveau et avec plus de force.

Alors il vit une chose singulière, c'est que, sous les
coups de l'instrument, une espèce d'enduit, pareil à celui
qu'on applique sur les murailles pour peindre à fresque,
15 se soulevait et tombait en écailles, découvrant une
pierre blanchâtre et molle, pareille à nos pierres de taille
ordinaires. On avait fermé l'ouverture du rocher avec
des pierres d'une autre nature, puis on avait étendu sur
ces pierres cet enduit, puis sur cet enduit on avait imité
20 la teinte et le cristallin du granit.

Dantès frappa alors par le bout aigu de la pioche,
qui entra d'un pouce dans la porte-muraille.

C'était là qu'il fallait fouiller.

Après quelques coups il s'aperçut que les pierres
25 n'étaient point scellées, mais seulement posées les unes
sur les autres et recouvertes de l'enduit dont nous avons
parlé ; il introduisit dans une des fissures la pointe de la
pioche, pesa sur le manche et vit avec joie la pierre
tomber à ses pieds.

14 *pour peindre à fresque* · see *fresque.*

Dès lors Dantès n'eut plus qu'à tirer chaque pierre à lui avec la dent de fer de la pioche, et chaque pierre à son tour tomba près de la première.

Après une hésitation d'un instant, Dantès passa de 5 cette première grotte dans la seconde.

Cette seconde grotte était plus basse, plus sombre et d'un aspect plus effrayant que la première ; l'air, qui n'y pénétrait que par l'ouverture pratiquée à l'instant même, avait cette odeur méphitique que Dantès s'était étonné 10 de ne pas trouver dans la première.

Dantès donna le temps à l'air extérieur d'aller raviver cette atmosphère morte, et entra.

À gauche de l'ouverture, était un angle profond et sombre.

15    Pour l'œil de Dantès il n'y avait pas de ténèbres.

Il sonda du regard la seconde grotte : elle était vide comme la première.

Le trésor, s'il existait, était enterré dans cet angle sombre.

20    Il s'avança vers l'angle, et il attaqua le sol hardiment.

Au cinquième ou sixième coup de pioche le fer résonna sur du fer.

Il sonda à côté de l'endroit où il avait sondé déjà, et rencontra la même résistance mais non pas le même son.

25    C'est un coffre de bois, cerclé de fer, dit-il.

Il réfléchit un instant, sortit de la grotte, coupa un arbre résineux, alla l'allumer au feu encore fumant où les contrebandiers avaient fait cuire leur déjeuner, et revint avec cette torche.

30    *Il ne voulait* perdre aucun détail de ce qu'il allait voir.

Il approcha la torche du trou informe et inachevé, et reconnut qu'il ne s'était pas trompé : ses coups avaient alternativement frappé sur le fer et sur le bois.

Il planta sa torche dans la terre et se remit à l'œuvre.
5 En un instant un emplacement de trois pieds de long sur deux pieds de large à peu près fut déblayé, et Dantès put reconnaître un coffre de bois de chêne cerclé de fer ciselé. Au milieu du couvercle resplendissaient, sur une plaque d'argent que la terre n'avait pu ternir, les armes
10 de la famille Spada.

Dantès les reconnut facilement : l'abbé Faria les lui avait tant de fois dessinées !

Dès lors il n'y avait plus de doute, le trésor était bien là ; on n'eût pas pris tant de précautions pour remettre
15 à cette place un coffre vide.

En un instant tous les alentours du coffre furent déblayés, et Dantès vit tour à tour apparaître la serrure du milieu, placée entre deux cadenas, et les anses des faces latérales ; tout cela était ciselé comme on ciselait
20 à cette époque, où l'art rendait précieux les plus vils métaux.

Dantès prit le coffre par les anses et essaya de le soulever : c'était chose impossible.

Dantès essaya de l'ouvrir : serrure et cadenas étaient
25 fermés ; les fidèles gardiens semblaient ne pas vouloir rendre leur trésor.

Dantès introduisit le côté tranchant de sa pioche entre le coffre et le couvercle, pesa sur le manche de la pioche, et le couvercle, après avoir crié, éclata. Une large
30 ouverture des ais rendit les ferrures inutiles, elles tom-

bèrent à leur tour, serrant encore de leurs ongles tenaces les planches entamées par leur chute, et le coffre fut découvert.

Trois compartiments scindaient le coffre.

5 Dans le premier brillaient de rutilants écus d'or aux fauves reflets.

Dans le second, des lingots mal polis et rangés en bon ordre, mais qui n'avaient de l'or que le poids et la valeur.

Dans le troisième enfin, à demi plein, Edmond remua 10 à poignée les diamants, les perles, les rubis, qui, cascade étincelante, faisaient, en retombant les uns sur les autres, le bruit de la grêle sur les vitres.

Après avoir touché, palpé, enfoncé ses mains frémissantes dans l'or et les pierreries, Edmond se releva et prit 15 sa course à travers les cavernes avec la tremblante exaltation d'un homme qui touche à la folie. Il sauta sur un rocher d'où il pouvait découvrir la mer, et n'aperçut rien ; il était seul, bien seul, avec ses richesses incalculables, inouïes, fabuleuses, qui lui appartenaient : seulement 20 rêvait-il ou était-il éveillé ?

Il avait besoin de revoir son or, et cependant il sentait qu'il n'aurait pas la force en ce moment d'en soutenir la vue. Un instant il appuya ses deux mains sur le haut de sa tête, comme pour empêcher sa raison de s'enfuir ; puis 25 il s'élança tout au travers de l'île, sans suivre, non pas de chemin, il n'y en a pas dans l'île de Monte-Cristo, mais de ligne arrêtée, faisant fuir les chèvres sauvages et effrayant les oiseaux de mer par ses cris et ses gesticulations. Puis, par un détour, il revint, doutant encore, se 30 *précipitant* de la première grotte dans la seconde,

et se retrouvant en face de cette mine d'or et de
diamants.

Cette fois il tomba à genoux, comprimant de ses deux
mains convulsives son cœur bondissant, et murmurant une
5 prière intelligible pour Dieu seul.

Bientôt il se sentit plus calme et partant plus heureux,
car de cette heure seulement il commençait à croire à
sa félicité.

Il se mit alors à compter sa fortune ; il y avait mille
10 lingots d'or de deux à trois livres chacun ; ensuite il
empila vingt-cinq mille écus d'or, pouvant valoir chacun
quatre-vingt francs de notre monnaie actuelle, tous à
l'effigie du pape Alexandre VI et de ses prédécesseurs,
et il s'aperçut que le compartiment n'était qu'à moitié
15 vide ; enfin il mesura dix fois la capacité de ses deux
mains en perles, en pierreries, en diamants, dont beaucoup, montés par les meilleurs orfèvres de l'époque,
offraient une valeur d'exécution remarquable même à
côté de leur valeur intrinsèque.

20 Alors repris de son vertige, il s'élança hors de la grotte
et les bras levés au ciel il s'écria : Edmond Dantès n'est
plus, le comte de Monte-Cristo vient de naître, l'univers,
l'univers, l'univers tout entier est à moi !

21 *n'est plus* see *être.*

# EXERCISES

## I

From page 7, line 1, to page 10, line 3

*Supply words between round brackets, omit those between square brackets*

A gendarme who was[1] at Dantès' right[2] opened[3] a door. They went out.[3] They followed[3] a long dark hall and (they) came[4] to a door. The gendarme knocked,[3] the door opened,[3] Dantès entered[3]; he was[2] [a] prisoner.

Towards nine o'clock at night, the door of Dantès' prison opened again;[3] by the light of two torches he saw[3] two gendarmes. They went out.[3] A carriage was waiting[1] at the street door. A gendarme pushed[3] Dantès, who could[3] not resist; he entered[5] the carriage and they started off.[3]

Soon they came[4] to the harbor. Dantès entered[6] a small boat and four oarsmen began[7] to row. After a while they arrived[3] at the Château d'If. Dantès followed[3] a man who led[3] him to an underground room : "Here is your room for to-night," said[3] the jailer; "here is a loaf of bread; you have water in that jug, and there is some straw in the corner over there. Goodnight." The jailer went out[3] and Dantès was left[3] alone in the darkness.

[1] imperf.; [2] supply def. art , [3] pret ; [4] use *arriver* not *venir*; [5] *monta dans la*, [6] supply prep. *dans*; [7] *se mirent*, [8] *se trouva*.

135

## II

From page 16, line 20, to page 19, line 9

Dantès was[1] always alone.  He wished[1] to be placed in a room full of prisoners, to see other faces than that of his jailer.  Convicts[2] breathed[1] the air, they saw[1] the sky, they had[1] the company of their fellow-men ; he was[1] alone.

He had[1] a jailer who from the bottom of his[3] heart pitied[4] the unfortunate young man for whom captivity[3] was[1] so hard.  Dantès was[1] so unhappy that he wished[1] to die.  He might[5] hang himself with his handkerchief, or he might[5] starve himself to death.  He chose[6] the second way.  Twice a day his jailer brought him[7] his provisions and he threw[1] them out of[8] the window.  At first he did[1] it cheerfully, then with regret.  This food appeared[1] appetizing.  He brought his food near to[9] his teeth, but the remembrance of his oath came back[1] to his mind and he threw[1] his meal out of[8] the window.  One day he was[1] so weak that he did not have[10] the strength to rise.

The jailer thought[1] that Dantès was[1] very ill.

[1] imperf , [2] supply def. art., [3] *du* ; [4] *plaignait;* [5] *pouvait*, [6] *choisit;* [7] *lui apportait ;* [8] *par* , [9] *il approchait . . . de ;* [10] *n'eut pas.*

## III

From page 37, line 28, to page 40, line 3

Faria, Dantès' new friend, was[1] small.  He had[1] white *hair,[2] keen eyes,[3]* thick eyebrows ;[2] his beard was[1] still

black, his face was [1] thin.    He evidently was [1] an intellectual man.    His clothing was [1] in rags.    He seemed [1] to
be at least sixty-five years old.

He received [4] with pleasure the enthusiastic friendship [5]
of the young man.

" Have you any tools ? " asked [4] Faria.

" Have you any ?" answered [4] Dantès.

" I have a cold chisel, pincers, and a lever, but I have
no file.    Here is a chisel."

It was [1] a stout blade set in a piece of wood.    Faria
continued : [4]

" It is with this tool that I dug [6] the subterranean
passage,[7] fifty feet in length, that led [6] me here ; this is
about the distance from my room to yours.    I had no
measuring instruments, and instead of passing under the
hall I went along it.    I have lost my labor.    My subterranean passage does not reach the outside wall that I
expected to cut through ; it comes [8] to a corridor that
opens on a courtyard full of soldiers."

[1] imperf.,   [2] use def. art.,   [8] use sing. form,   [4] pret ,   [5] *l'amitié ;*
[6] past indef. ;   [7] *passage souterrain ;*   [8] use *arriver.*


## IV
### From page 45, line 9, to page 46, line 25

Faria had so much energy that he gave (to) Dantès an
excellent example ; he was younger, stronger, and more
skilful than his friend,[1] nothing was, therefore, impossible
for him.    He would dig [2] a passage (of) [one] hundred
feet in length,[3] he would do it even if [4] it took [5] him six

years; he would swim[2] a league from the Château d'If to the island of Daume or Tiboulen.

He would not hesitate,[2] he was encouraged by his friend's example.  He thought [for] a moment and then he said : " The passage (that) you have dug must not be more than about fifteen steps from the outside gallery ; we will dig[6] another passage, we will get out[6] on that gallery, kill[8] the sentry, and run away.[6]  We have (some) courage, I have (some) strength ; we shall succeed." [6]

[1] *ami;*  [2] cond.,  [8] *de longueur;*  [4] *même si ;*  [5] *fallait,*  [6] future.

# V

## From page 49, line 11, to page 50, line 18

" When I was[1] in Rome I had[1] a library of about five thousand volumes.  I read[2] them again and again, but I think that (the) human knowledge[3] can be summed up[4] in [one] hundred and fifty volumes.

" I know by heart the most important Greek, Latin, French, and English writers ;[5] I speak the five most important modern languages,[5] and I am studying (the) Modern Greek.

" In a modern language, with words that he[6] arranges and combines, a man[6] makes for himself a vocabulary sufficient to express his[7] thoughts."

The intelligence of this man amazed Dantès; he thought it was[1] almost supernatural, and he could[1] not find Faria wanting on any subject.

[1] imperf.,  [2] pret,  [8] use plur. form,  [4] *se résumer,*  [5] place noun before adjectives,  [6] *on,*  [7] *ses,*

## VI

### From page 52, line 3, to page 53, line 9

Dantès entered[1] (in) the priest's room.  The priest told[1] him what time it was.[2]  There was[2] no clock in the room, but there were (some) lines drawn on the wall, and the daylight that came[2] through the window told[3] (to) the priest what the time was[2] more exactly than a watch could[3] have done (it).

The priest, who always held[2] his chisel in his[4] hand, removed[1] a stone which hid[2] a cavity, and drew[1] therefrom[5] some rolls of linen.  (A) very fine[6] writing covered[2] those long strips of linen ; it was[2] (in) Italian, which Dantès understood.[2]  There were in the rolls sixty-eight strips of linen about eight inches wide and eighteen inches long.  It was[2] a work on (the) Monarchy in Italy.

[1] pret.; [2] imperf.; [3] cond.; [4] *à la*, [5] *en* (before the verb) , [6] *fine*.

## VII

### From page 56, line 25, to page 58, line 5

Dantès asked[1] (to) the old prisoner to teach him (the) mathematics, (the) physics, (the) history, and three or four modern languages.  The priest said[1] that that could[2] be done[3] in two years.  [In] the evening they began[1] to carry out their educational plan.  Thanks to[4] a good memory and (to) a prodigious facility of comprehension, Dantès was able to[2] understand everything.[5]  As he knew[2] also (the) Italian and a little (of) Modern Greek, he soon understood [1] the construction of (the) other languages, and began [1] to speak and (to) understand (the) German, (the) English, and (the) Spanish.

The days passed [2] rapidly and instructively for the two prisoners, the young and the old, — Dantès was [2] another man.

[1] pret., [2] imperf.; [3] *se faire;* [4] *grâce à;* [5] *tout* (before the verb).

## VIII

### From page 61, line 17, to page 64, line 2

Dantès heard [1] Faria calling him ; he entered [1] (in) the room.  The priest was [2] ghastly, his lips were [2] white, his hair stood [2] on end.  The attack was coming on ;[3] he felt [2] it.  There was [2] a remedy for this attack ; it was [2] a red liquid that was [2] in a little vial.  This vial was [2] in the priest's room.  Dantès led [1] his unfortunate companion to his room and put him on his bed.  Faria fell [1] in a fit.  He began [1] to shriek, and soon he was [1] motionless and cold.  Dantès opened [1] his teeth with a knife and dropped [1] into his friend's mouth eight or ten drops of the red liquid that was [2] in the little vial.  After two hours, the priest opened [1] his eyes, he sighed,[1] his cheeks became red again,[4] he moved,[1] he was [2] saved.

[1] pret., [2] imperf ; [3] use *arriver,* [4] *redevinrent.*

## IX

### From page 72, line 14, to page 73, line 17

Faria was [1] the secretary of Cardinal Spada.   He *owed [1] much to* this lord, who was [1] not rich.   His palace was[1] the priest's heaven on (the) earth, and for ten years, after the death of the cardinal's nephews, he showed[2] him (an) absolute devotion.   Faria knew[3] the cardinal's house, he had seen him studying (some) old books and family manuscripts.   His studies were always followed by a kind of dejection, and Faria reproached[1] him [for] his useless labors.[4]  The cardinal smiled bitterly[2] and opened[2] a book in which was[5] the life of (the) Pope Alexander VI, who made[2] the conquest of (the) Romagna and who wished[6] to buy the whole [of] Italy ; but he had[1] no money and he wished[6] to make a good speculation.

[1] imperf.;  [2] pret.,  [3] connaissait,  [4] travaux,  [5] se trouvait;  [6] voulait.

## X

### From page 77, line 15, to page 79, line 5

The priest's protector died.   He had invested[1] all his fortune in an annuity, but he had bequeathed to his secretary about a thousand Roman crowns, his library, and his famous breviary, on (the) condition that the latter[2] should write[3] a history of his family.

A fortnight after the cardinal's death, Faria, who was[4] tired, went to sleep[5] while reading and arranging the family papers.   When he awoke,[5] he was[4] in (the) darkness.   There was[4] (some) fire[6] in the fireplace and he looked for[5] some paper in order[7] to light it from[8] the flame and then to light a candle.   He took[5] a piece of yellow paper which was[4] in the breviary and (he) lighted[5] it.   As the old paper burned[9] (some) yellowish characters appeared[5] on the sheet, and the priest smothered[5] the flame and lighted[5] the candle from the fire.

[1] *placé*, [2] *celui-ci*, [3] cond. ; [4] imperf.; [5] pret.; [6] *feu*, [7] *pour*, [8] *à* ; [9] *brûlait*.

## XI
### From page 83, line 5, to page 84, line 7

The island of Monte-Cristo is situated between (the) Corsica and the island of Elba.  The priest did not know[1] it, but Dantès knew[1] it very well; he had often passed in front of it when he was[1] [a] sailor.[2]  This island was formed by some volcanic cataclysm ; it is nothing but[3] a conical rock, completely deserted.  On this island was the treasure[4] of the Spada family.  Faria gave[1] (to) Dantès (some) advice to find this treasure, but the sailor was not very enthusiastic.  He thought[1] that (in) supposing (that) it had existed, it was[1] no longer[5] there ; and yet the priest spoke[1] of it very often and believed[1] that that fortune was[1] still[6] in the island of Monte-Cristo.

[1] imperf., [2] *marin*, [3] *ce n'est que* ; [4] *trésor* ; [5] *ne . . . plus*, [6] *en core*.

## XII
### From page 90, line 1, to page 91, line 18

The priest died[1] at six o'clock in the morning.  Dantès was overcome by an unconquerable terror and (he) ran *away*[2] to his cell.  When the jailer had made him[3] his *morning visit*, the sailor again entered[2] (in) the subterranean passage and (he) heard[2] the exclamations of the turnkey when he found[4] the corpse of Faria. The jailer called[2] for help and some soldiers came[5] with the governor of the Castle. The latter[6] sent for[2] a physician. The jailers and (the) soldiers laughed and said : " This madman, with all the millions of his treasure, has not enough to buy a shroud ; but, as he is a churchman, they[7] will perhaps just put[8] his body in a sack. (The) sacks do not cost very much."

[1] *mourut;* [2] pret ; [3] *lui eut fait,* [4] *trouva,* [6] pret. of *arriver,* [6] *celui-ci,* [7] *on;* [8] fut. of *mettre.*

## XIII

### From page 94, line 12, to page 95, line 19

Dantès made up his mind[1] to take the place of the dead man. God sent[2] him this idea. With Faria's knife he opened[3] the sack, carried[2] the body to his room, and put[3] it in his bed. He went back[4] to Faria's room and slipped[3] into the sack. His heart was beating with[5] emotion.

Dantès was[6] a vigorous man. When (he would be) out of[7] the prison, he would cut[8] the sack with his knife, and would escape before[9] the gravediggers placed him in a grave in the cemetery. If he did not succeed,[10] he would die[11] and all would be[11] over.

This was what he expected to do, and he hoped[6] to succeed.

[1] *se décida,* [2] pret., [3] pret. of *mettre,* [4] pret. of *retourner,* [5] *de,* [6] imperf., [7] *hors de,* [8] cond of *couper,* [9] *avant que,* followed by subj. mood ; [10] imperf. of *réussir,* [11] cond.

## XIV

### From page 97, line 1, to page 99, line 18

The gravediggers entered[1] (in) the room ; they carried[1] Dantès on the stretcher, and (they) went up[1] a stairway.  Outside,[2] the air of the night was cool.  After walking[4] about thirty steps, the men stopped.[1]  Dantès was[3] not at all[5] light, and one of the porters sat down[1] on the stretcher.  The other porter was looking for[3] something ; he found[1] what he was looking for.[6]  Then he tied Dantès' feet with a rope, and they went[1] on their way again.  The noise of the waves reached[3] Dantès' ear.  The weather was[3] very bad.  The gravediggers took[1] Edmund by the head and (by the) feet and (they) threw[1] him into the sea, which was[3] the cemetery of the Château d'If.  Like an arrow he plunged[8] into the icy waters ; he uttered[1] a cry, but the immersion stifled[1] it.

1 pret., 2 *dehors;* 3 imperf., 4 inf. perf. of *faire;* 5 *du tout;* 6 *alors;* 7 pret. of *lier;* 8 pret. of *plonger.*

## XV

### From page 102, line 6, to page 103, line 22

Dantès was swimming with energy under a sky covered with[1] thick clouds.  Suddenly he touched[2] a rock with his knee and (he) felt[2] a sharp pain ; then he saw[2] that he had reached[3] the island of Tiboulen.  This island is nothing but[4] a mass of rocks.  Dantès thanked[2] God, *but, as he was*[5] tired out, he went to sleep[2] on the rocks,

the sharp points of which he did not feel.[2]   The roaring
of the thunder awoke[2] him an hour later; (the) flashes
lit up the waves and (the) clouds; (it was) a tempest
(that) was breaking out.[5]   Dantès took refuge[2] under[6]
an overhanging rock; he was thirsty and he drank[2] the
rain water; he was hungry, but he had[5] nothing to eat,
because the island was[5] barren and uninhabited.[7]

[1] *couvert de;* [2] pret.; [3] *atteint;* [4] *n'est que,* [5] imperf., [6] *sous,* [7] *inhabitée.*

## XVI

### From page 107, line 17, to page 108, line 27

Dantès jumped into[1] the sea when he saw[2] a boat that
came[2] within a league of the island, but the boat tacked
about[2] and nobody saw[2] him.   He called,[2] but his voice
did not reach[2] the ship; the distance was[3] too great, and
his voice was[2] drowned by the noise of the waves.
Dantès was weakened by (the) fatigue, but he had[3] taken
a beam to lie on.   It was[3] a good precaution.   The boat
tacked about[2] again and came back[2] towards him.
Dantès uttered[2] a mournful cry, a cry of distress; it
was[3] like the moaning of a spirit of the sea.   The sailors,
this time, heard[2] him and saw[2] him, and they got ready[2]
to launch a boat.   Dantès murmured: "Now I am
saved."

[1] *sauta à,* [2] pret ; [3] imperf.

## XVII
### From page 114, line 15, to page 115, line 26

The *Jeune-Amélie* was[1] in Leghorn.  Her crew was[1] very active and within a week she sailed again[2] to land in Corsica, her cargo made up of[3] cotton, English gunpowder and tobacco.  Edmund was again[4] on the blue sea.  The next day, rather early, the boat was[1] near[5] the island of Monte-Cristo, at which Dantès gazed[6] with a strange expression.  It was[1] for him the promised land, but he could[1] not land.  It was necessary[1] to wait six months, a year perhaps.  He had[1] (some) patience, he could[1] wait [for] that fortune which perhaps did not exist ;[1] and if that treasure existed[1] he could[1] not uncover it without instruments.  He had awaited his freedom [for] fourteen years ; he would wait[7] [for] his treasure all the time that was[7] necessary.

1 imperf.,    2 *remit à la voile*,    3 *consistant de* ;    4 *se trouvait de nouveau*,    5 *près de* ;    6 pret. ;    7 cond.


## XVIII
### From page 119, line 28, to page 122, line 19

In the evening they[1] saw[2] the island of Monte-Cristo ; they landed[3] at ten o'clock.  Dantès, whose fortune was[4] at stake, felt[4] (some) anxiety in his hopes.  The next morning he examined[3] the rocks near the seashore, and noticed[3] in them[5] (some) notches made by a human *hand.  The* rocks were[4] covered with moss and myrtle, but on pushing them aside, he always found (again)[4] the same notches.   Edmund was[4] on the top of a rock when his companions, who had prepared (the) breakfast, fired[3] a rifle to give him the signal to come back.   Edmund staggered[3] and fell[6] from a height of fifteen feet.   His companions found[3] him almost unconscious.   He complained[4] of a great pain in his[7] knee and head.[8]   He did not breakfast,[3] and said[3] that he only needed[3] rest to be relieved.

[1] *on ;*   [2] pret of *apercevoir ,*   [3] pret ;   [4] imperf.;   [5] *y ,*   [6] *tomba ,*   [7] *au ;*   [8] repeat art. before head.

## XIX

### From page 123, line 21, to page 124, line 28

His companions left[1] with[2] Dantès a shotgun, (some) gunpowder, (some) bullets, and a pickax.   He would kill[3] some kids, build[3] a house, and defend himself;[3] he was[4] certain he would not starve[3] to death.   The smugglers went away,[5] but they turned back[1] many times to make (some) gestures[6] of farewell with their[7] hands, and Edmund answered[1] them.

When Dantès saw[1] that the boat, graceful as a sea gull, had disappeared, he rose.   He was[4] as nimble as the wild kids that leaped[4] over the rocks among the myrtle and trees ; he was[4] not wounded at all[8]   He had[4] his shotgun in one hand and his pickax in the other, and as he had[4] noticed (some) rocks that bore[9] (some) notches, he ran to them[10] and exclaimed[1] .   " Open Sesame ! "

[1] pret.,   [2] *à ,*   [3] cond ,   [4] imperf.,   [5] pret. of *partir ,*   [6] *gestes ,*   [7] use def. art.,   [8] *du tout ,*   [9] *portaient ;*   [10] *y.*

## XX

From page 131, line 16, to page 133, line 23

Dantès saw[1] a chest which had[2] a lock and two pad-locks.  It was[2] impossible to lift it; it was impossible to open it.  He broke[3] the top with his pickax and the chest was opened.  It was divided[4] into three compart-ments; they contained[5] (some) gold pieces, (some) gold bars, diamonds, and pearls.  Dantès was[2] almost insane. He was[2] alone, and these riches belonged[2] to him.  He rushed[1] out of the grotto and returned[1] to it;[6] the mine of gold and diamonds was still there.[6]  Soon he began[1] to count his fortune; it was[2] unheard of, incalculable; he was[2] happy.  Then he murmured[1] a prayer, with his arms raised towards heaven, and exclaimed:[1]  "The World is mine!"

[1] pret.; [2] imperf; [3] *brisa*, [4] *divisé*, [5] *contenaient*; [6] *y*.

# VOCABULARY

## A

à, at, to, with, from, by.

abaisser (s'), to come down, be lowered.

abandonner, to abandon, give up.

abatée, ƒ, casting; faire son —, to fall off (*of sailing boats*).

abattement, *m*, dejection.

abattre (s'), to fall (*of the wind*), abate.

abbé, *m.*, priest, abbot.

abîme, *m.*, abyss.

abord (d'), at first.

aborder, to land.

aboutir, to open, abut, come to, reach

abri, *m*, shelter.

absent, -e, missing, wanting, absent.

absolu, -e, absolute.

absolument, absolutely.

absorber, to absorb.

absorber (s'), to be absorbed

abuser, to mislead, deceive

abuser (s'), to be mistaken, be deceived.

accent, *m*, accent, expression.

accepter, to accept.

accès, *m*, attack (*of illness*).

accident, *m*, accident.

accompagner, to accompany, follow (*with one's eyes*).

accomplir, to complete.

accomplir (s'), to be accomplished, made.

accorder, to grant.

accoutumé, -e, usual.

accoutumer (s'), to become accustomed.

accrocher, to hook, catch, hang up.

accueillir, to receive, welcome.

accuser, to accuse, point to, show, betray.

acharné, -e, intense, eager.

acharnement, *m.*, eagerness.

acheter, to buy.

achever, to achieve, complete.

acquéreur, *m*, buyer, purchaser.

acquérir, to acquire.

acquitter, to pay.

acte, *m*, act, action.

acti-f, -ve, active.

action, ƒ., action; — du feu, burning.

activité, *f*, activity.

actuel, -le, present, actual

adieu, *m*, farewell.

administrer, to administer.

admiration, *f*, admiration

admirer, to admire

adopter, to adopt

adossé, -e, back to back.

adosser, to set, lean, put back to back.

adouci, -e, soft.

adresse, *f.*, care, skill, cleverness

adresser, to address.

adresser (s'), to address oneself, **en s'adressant**, in attacking.

adroit, -e, skillful, clever.

advenir, to happen.

affaiblir, to weaken.

affaiblir (s'), to grow weaker

affaire, *f*, affair, deal, —s, business; **avoir** —, to have to do

affamé, -e, famished, hungry.

affection, *f*, affection

affectionné, -e, loving, affectionate

affluer, to rush.

affreu-x, -se, awful.

afin de, so that, in order to, **afin que**, so that.

âge, *m*, age; **quel** — **avez-vous**, how old are you

agilité, *f*, agility, nimbleness

agir, to act, do, work

agir (s'), to be the question, *to* be the matter

*agiter*, to move, wave.

agiter (s'), to writhe, struggle.

agonie, *f*, agony, death struggle.

ai — **avoir.**

aide, *f*, help, aid.

aider, to aid, help.

aider (s'), to aid oneself, be aided.

aïeul, *m.*, grandfather.

aigu, -ë, sharp, pointed.

aiguille, *f*, needle.

aiguiser, to sharpen.

ailleurs (d'), besides.

aimer, to love, like.

ainsi, thus, so; — **que**, as well as.

air, *m.*, air; **avoir l'**—, to seem, look like.

ais, *m.*, plank, board.

aisance, *f.*, ease; — **douteuse**, rather straitened circumstances.

ait — **avoir.**

ajouter, to add.

alarme, *f.*, alarm.

alarmer (s'), to be alarmed.

alentours, *m plur*, surrounding ground.

**Alexandre**, *m*, Alexander; see note 23, page 42.

alguazil, *m.*, alguazil (a Spanish word = policeman)

algue, *f*, seaweed.

aliénation, *f.*, alienation; — **mentale**, insanity, madness.

aliment, *m*, food.

allée, *f*, going; —**s et venues**, going and coming.

allemand, -e, German.

aller, to go; se laissa —, let himself down.

allier, to ally.

allonger, to lengthen, put out, extend.

allons, well

allumer, to light, kindle.

allumer (s'), to be lighted

allumette, *f*, match.

alors, then.

alourdi, -e, heavy.

alternativement, alternately.

alvéole, *m.*, socket, cavity.

amarrer, to moor, fasten.

ambitieu-x, -se, ambitious

ambitionner, to desire, wish

âme, *f.*, soul, heart.

amener, to bring.

am-er, -ère, bitter.

amèrement, bitterly.

ameublement, *m*, furniture

ameuter, to stir up.

ami, -e, friend.

amitié, *f.*, friendship.

amour, *m.*, love; pour l'— de vous, for your sake, for the love of you.

an, *m.*, year.

analyser, to analyze.

ancien, -ne, old, former, ancient.

ancre, *f.*, anchor; lever l'—, to weigh anchor.

anéanti, -e, prostrated.

ange, *m.*, angel.

anglais, -e, English

angle, *m.*, angle, corner.

angoisse, *f*, anguish.

animal, *m*, animal.

animé, -e, enlivened, animated.

animer (s'), to become alive, become animated.

anneau, *m*, ring.

année, *f*, year; il y a des —, years ago.

anniversaire, *m*, anniversary.

annoncer, to announce, show.

anse, *f*, handle.

antique, antique, old.

antre, *m*, den.

anxiété, *f.*, anxiety.

anxieusement, anxiously.

anxieu-x, -se, anxious

apercevoir, to perceive, see.

apercevoir (s'), to notice.

apparaître, to appear, look

appareillage, *m*, the act of getting under sail

appareiller, to sail, get under sail.

apparence, *f*, appearance

apparent, -e, apparent, plain

appartement, *m*, apartment.

appartenir, to belong.

appel, *m.*, call.

appeler, to call.

appesantir (s'), to come down heavily.

appétissant, -e, appetizing

appliquer, to apply; la main —e à, his hand set on

appliquer (s'), to apply.

apporter, to bring

apprendre, to teach, learn, hear, tell, — par cœur, to learn by heart.

apprêter, to get ready, prepare.

approche, *f.*, coming, approach.

approcher, to bring near, come
near, approach, draw near.

approcher (s'), to come near,
approach, draw near.

appui, *m.*, support.

appuyer, to lean, rest.

appuyer (s'), to lean.

âpre, sharp, biting (*of the air*).

après, after, afterward.

après-midi, *m. and f.*, after-
noon.

apte, qualified, apt, fit.

arbre, *m* , tree; — **généalogique**, genealogical tree.

archives, *f* , *plur.*, archives.

ardent, -e, passionate, ardent,
eager.

ardeur, *f.*, intensity, eagerness, ardor.

arène, *f* , arena.

arête, *f* , fish bone, edge,
ridge.

argent, *m* , money, silver; —
comptant, cash.

aride, arid.

arme, *f* , arm, weapon; **les
—s**, the coat of arms.

armer, to arm.

armoire, *f* , closet, locker.

arracher, to pull off, snatch.

arranger, to put in order,
arrange

arranger (s'), to come to
*terms*, make an arrange-
ment.

arrestation, *f* , arrest.

arrêté, -e, fixed.

arrêter, to stop, arrest, decide.

arrêter (s'), to stop.

arrière, behind; **en —**, backward.

arrivée, *f* , •coming, arrival.

arriver, to arrive, come, come
to, happen, occur.

art, *m.*, art.

artère, *f.*, artery.

articuler, to utter, articulate.

artifice, *m.*, contrivance.

asile, *m.*, shelter.

aspect, *m.*, sight, aspect, view.

assassin, *m.*, assassin.

asseoir (s'), to sit down.

asseyant — asseoir.

assez, enough, rather.

assidu, -e, steady, assiduous.

assiéger, to besiege.

assiette, *f* , plate.

assirent — asseoir.

assis, -e, seated.

assistant, -e, person present,
bystander.

assombrir (s'), to become
depressed, gloomy, grow
dark.

assommer, to beat to death.

assoupir (s'), to be appeased,
be weakened.

assourdir, to stun, make
deaf, dull, muffle.

assurer, to assure, secure,
make sure of.

assurer (s'), to make sure,
assure oneself, inquire,

atmosphère, *f.*, atmosphere.

atmosphérique, atmospherical.

atome, *m.*, atom.

atone, without expression, deadlike.

atonie, *f*, weakness, debility, atony.

âtre, *m.*, hearth.

atroce, atrocious.

attacher, to attach, fasten.

attaquer, to attack.

atteindre, to affect, reach, come to, attack (*of illness*); être atteint de, to be attacked with.

atteint — atteindre.

attendant (en), meanwhile.

attendre, to await, expect.

attendre (s'), to expect.

attendu, -e, expected; tant —, so eagerly looked for, expected.

attente, *f.*, waiting, expectation.

attentivement, attentively.

attirer, to draw, attract, pull up.

attribuer, to attribute

au = à le.

aube, *f.*, daybreak.

aucun, -e, no, none, not any

au-dessous, below, underneath.

au-dessus, over, above.

au-devant, towards

augmenter, to increase, augment.

augure, *m*, augur. c'était d'un bon —, it was a good omen.

aujourd'hui, to-day; à compter d'—, henceforth, from to-day on

auparavant, before.

auprès, near

aur-a, -ait — avoir.

aurore, *f*, dawn.

aussi, also, therefore, accordingly; — . . que, as . . . as.

aussitôt, at once, immediately.

autant, as much, as many qu' — que, as long as; d'— plus, so·much more

autour, around, on.

autre, other; nul —, no one else.

autrefois, formerly.

avaler, to swallow.

avancer (s'), to advance, go forth, come forth.

avant, before; — que, before; en —, forward, ahead

avantage, *m.*, advantage.

avec, with.

avenir, *m*, future; plein d'—, with excellent prospects.

avertir, to inform, warn

aveugle, blind

avidement, eagerly.

aviron, *m.*, oar.

avis, *m*, opinion, advice; être d'—, to be of the opinion.

avoir, to have, **y** —, there to be, to be the matter; **il y a**, there is, there are.

avouer, to avow, confess.

avril, *m*., April.

azur, *m*, azure.

azuré, -e, blue, azure.

## B

bagne, *m*, penitentiary.

baillonner, to gag.

baiser, to kiss.

baisser, to lower, hang down (*of the head*).

balancer, to swing, balance

balancer (se), to swing, rock.

balayer, to sweep.

balbutier, to stammer.

balle, *f*, bullet.

banal, -e, commonplace

bande, *f*, band, strip.

bandit, *m*, bandit.

banquette, *f*, seat, bench

barbe, *f*, beard, **il ne s'était point fait la** —, he had not shaved

barbier, *m*, barber.

barque, *f*, boat.

barre, *f*, helm, tiller.

barreau, *m*, bar.

barrer, to obstruct.

barrière, *f*, barrier, door.

bas, *m*, bottom, **de haut en** —, from top to bottom

bas, down, low, **en** —, downward, **tout** —, in a low voice.

*bas, -se, low.*

base, *f*, base, bottom, foundation.

bateau, *m*., boat.

batelier, *m*., boatman.

bâtiment, *m*, vessel, boat.

bâtir, to build.

bâton, *m*., stick.

battement, *m*., beating.

battre, to beat, search; **battit des mains,** clapped his hands

beau, bel, -le, beautiful; **avoir** — **chercher,** to seek in vain.

Beaufort, see note 1, page 48.

bec, *m*, beak, point (*of pens*).

bêche, *f*., spade.

bélier, *m*., ram.

bénéfice, *m*., profit.

bénir, to bless.

besogne, *f*., work.

besoin, *m*., need; **avoir** —, to need.

bête, *f*., beast; **je serais bien** —, I should be very foolish.

bibliothèque, *f*., library.

bien, *m*, good; —**s**, fortune.

bien, very, very much, well, indeed; **c'est** —, very well, all right, — **que**, although; **venait à** —, was successful.

bien-aimé, -e, beloved.

bien-être, *m*, comfortableness, well-being, comfort.

bientôt, soon, almost.

bienveillance, benevolence, kindness

bijou, *m*, jewel

biscuit, *m.*, hard-tack

bizarre, odd, bizarre

blafard, -e, wan, palish.

blanc, -he, white

blanchâtre, whitish.

blanchir, to whiten

blessé, -e, wounded person.

blesser, to wound.

bleu, -e, blue.

bleuâtre, bluish.

boire, to drink.

bois, *m*, wood; — de lit, bedstead

boîte, *f.*, box

boiteu-x, -se, lame.

bon, -ne, good.

bondir, to leap, bound. le faisait —, made him mad, excited.

bonheur, *m.*, happiness, good luck.

bonnet, *m.*, cap; see note 12, page 107.

bonsoir, good night, good evening

bord, *m.*, shore, border, edge, brim, board (*of ships*). virer de —, to tack about; à —, on board.

bordée, *f*, tack (*of boats*), courir des —s, to tack about.

borner, to limit

borner (se), to be limited.

Bossuet, see note 20, page 49

bouche, *f*, mouth

bouchée, *f*, mouthful, bite

boucher, to close, stop, wall up, fill up.

bouge, *m*, den

bouger, to stir, budge

bougie, *f*, candle, wax candle

bouillon, *m*, beef broth

bouillonner, to bubble, foam (*of the sea*)

boulet, *m*, cannon ball; un — de trente-six, a thirty-six-pound cannon ball

bouleverser, to upset

bouquet, *m*, bunch, tuft, cluster.

bourdonnement, *m*, buzzing, murmur

bourreau, *m*, torturer, executioner

bourrer, to fill, stuff.

bout, *m*, end, top.

bouteille, *f*, bottle.

boutique, *f*, shop

boyau, *m.*, passage

branche, *f*, branch, arm.

bras, *m*, arm.

brasse, *f*, stroke (*of swimming*)

brave, good, brave

bravo, *m.*, bravo.

breuvage, *m*, beverage, drink.

bréviaire, *m*, breviary (*a priest's prayer book*)

brigand, *m*, brigand, highwayman.

brillant, -e, brilliant, large (*of money*)

briller, to shine.

brise, *f.*, wind, breeze

briser, to break.

briser (se), to be broken, get broken, break, be

broken to pieces, be
wrecked.

brise-tout, *m* , person who
breaks everything.

broche, *f* , spit.

bruissement, *m* , noise.

bruit, *m* , noise; — public,
public opinion; à petit —,
noiselessly.

brûlant, -e, hot, burning.

brûler, to burn

brumeu-x, -se, misty, hazy.

Brutus, see note 11, page 120

bruyamment, noisily.

but, *m* , aim, purpose.

but — boire

buvant — boire.

### C

Cabanis, see note 8, page 49.

cabotage, *m* , coasting trade

cachemire, *m* , cashmere.

cacher, to hide; se —, to be
hidden

cachet, *m* , stamp, seal.

cachette, *f* , hiding place.

cachot, *m* , cell

cadavre, *m* , corpse

cadenas, *m* , padlock.

cage, *f* , cage

caillou, *m* , flint, pebble

calcul, *m* , figuring, calcula-
tion.

calculer, to figure, calculate.

cale, *f.*, wedge, prop.

caler, to wedge up, support

calme, *m* , calmness

*calme,* calm, quiet.

calmer, to lull (*of the wind*),
fall, quiet down.

calmer (se), to be calmed
down, to become quiet,
diminish (*of pain*).

camarade, *m.*, comrade.

cambrer (se), to bend oneself backward, camber.

canif, *m.*, penknife.

canot, *m.*, rowboat

cap, .*m.*, cape; tourna le —,
headed

capable, capable

capacité, *f.*, capacity.

capitaine, *m.*, captain; — au
long cours, captain of a
trading vessel going to
foreign parts

caporal, *m* , corporal.

captivité, *f.*, captivity.

car, for.

caractère, *m* , character
(*letter*).

caractéristique, characteris-
tic.

cardinal, *m* , cardinal

cardinalat, *m* , cardinalship.

carène, *f.*, keel, bottom.

caresse, *f* , caress; combler de
—s, to show oneself very
affectionate.

cargaison, *f* , cargo.

carré, -e, square

cartilage, *m* , cartilage.

cas, *m* , case; dans ce —, in
such a case.

cascade, *f* , cascade.

casser, to break

casserole, *f.*, saucepan.

cataclysme, *m* , upheaval, cataclysm

catalan, -e, of Catalonia (*a Spanish province*).

catalepsie, *f* , catalepsy.

cause, *f.*, cause.

causer, to cause, talk.

cave, *f.*, cellar.

caverne, *f* , cavern.

cavité, *f.*, cavity.

ce, it; — que, what, that which.

ce, cet, -te, ces, this, that, these, those.

ceci, this

céder, to yield, cede.

cela, that

célèbre, celebrated.

cellule, *f.*, cell.

celui, celle, ceux, celles, this, that, these, those ; — -ci, the latter, this one

cent, hundred

centième, hundredth.

centre, *m.*, center.

cependant, however, meanwhile.

cercle, *m.*, circle, ring.

cercler, to bind with hoops, hoop

cérémonieu-x, -se, formal, ceremonious.

cerner, to surround, hem in.

certain, -e, certain, sure.

certainement, certainly

certes, certainly, surely.

certitude, *f.*, certitude, certainty.

cerveau, *m* , brains, **la boîte de son** —, his skull.

**César Borgia**, see note 10, page 73

cesse, *f* , ceasing; **sans** —, without ceasing, repeatedly.

cesser, to cease, stop.

ceux, these, those

chacun, -e, each one, every one.

chaîne, *f.*, chain.

chair, *f* , flesh.

chaise, *f* , chair.

chaleur, *f* , warmth, heat; vive —, burning heat

chaloupe, *f* , ship's boat, longboat.

chambre, *f.*, room.

chambrée, *f.*, crowded room, roomful.

chamois, *m* , chamois.

chance, *f* , chance.

chanceler, to stagger.

chanceu-x, -se, risky.

chandelier, *m* , candlestick.

changement, *m.*, change.

changer, to change

changer (se), to be changed.

chaos, *m.*, chaos.

chapeau, *m.*, hat, see note 4, page 74

chapitre, *m* , chapter.

chaque, each, every.

charge, *f* , office, position.

chargement, *m.*, load, cargo.

charger, to load

charger (se), to take charge of, undertake

charmant, -e, charming.

charmer, to charm.

chasse, *f*, hunting, chase.

chasser, to drive away, chase.

chasseur, *m*, hunter.

chat, *m*, cat.

château, *m.*, castle.

chef-d'œuvre, *m.*, masterpiece

chemin, *m.*, road, way, **à** mi- —, half way, — **de ronde**, patrol way, round

cheminée, *f*, chimney, fireplace.

chemise, *f.*, shirt.

chêne, *m*, oak.

cher, dearly; **coûter** —, to be expensive, be dear; **coûter si peu** —, to be so cheap

ch-er, -ère, dear

chercher, to seek, try, look for; **envoya** —, sent for, **avoir beau** —, to seek in vain

chercheu-r, -se, searcher, seeker

cheval, *m*, horse; **fer à** —, horseshoe

chevet, *m*, head of a bed

cheveu, *m*, hair; **sentit se dresser ses** —**x**, felt his hair standing on end.

cheville, *f*, peg, pin.

chèvre, *f*, goat

chevreau, *m*, kid

chez, at the house of; in (*of persons*); **de** — **vous**, from your room; — **moi**, to *my* room

*chiffre*, *m.*, figure, number.

chimère, *f.*, fancy, chimera

chimérique, visionary, chimerical.

chimiste, *m.*, chemist.

choc, *m*, jerk, shock, hit

choisir, to choose, select

choisir (se), to select for oneself.

choix, *m.*, choice, selection.

chose, *f*, thing; **quelque** —, something; **il se faisait quelque** —, something was being done; **ne comprenait pas grand** —, did not make much out of.

chut! hush!

chute, *f*, fall.

ciel, *m.*, sky, heaven.

cime, *f*, top, summit.

ciment, *m.*, cement.

cimenter, to cement.

cimetière, *m.*, cemetery.

cinq, five.

cinquante, fifty.

cinquième, fifth.

circonstance, *f.*, circumstance.

circulaire, circular.

ciseau, *m.*, chisel

ciseler, to chase, emboss.

citadelle, *f.*, citadel.

citer, to quote, cite.

civière, *f.*, stretcher.

clair, clearly.

claquer, to chatter, flap; **qui fait** — **mes dents**, which makes my teeth chatter.

clarté, *f*, light.

clause, *f.*, clause, condition.

clef, *f.*, key; **ferment á —,** are locked

**Clément,** see note 23, page 42.

clouer, to nail, nail down.

cocher, *m* , driver, coachman

cœur, *m.*, heart; **lui serrait le —,** made his heart heavy; **savoir par —,** to know by heart; **apprendre par —,** to learn by heart.

coffre, *m* , strong box, coffer.

coiffer, to put (*anything*) on a person's head.

coiffer (se), to put (*anything*) on one's head.

coin, *m.*, corner.

coller, to put close to, glue

coloration, *f* , coloration.

colorer, to color.

combattre, to fight, combat.

combien, how much, how many; **— de temps,** how long; **— y a-t-il,** how long.

combinaison, *f* , combination.

combiner, to combine.

combler, to fill up, heap; **— de caresses,** to show oneself very affectionate

combustion, *f* , combustion

commander, to order, command.

comme, as, like.

commencement, *m* , beginning.

commencer, to begin, commence.

comment, how.

commettre, to commit.

commis — commettre

compacité, *f* , compactness

compact, -e, compact, thick.

compagnon, *m* , companion.

compartiment, *m.*, compartiment, division.

compas, *m* , compass.

compassion, *f.*, compassion, pity.

compatir, to sympathize with.

compl-et,-ète, complete, **vêtement —,** suit of clothes.

complètement, completely

compléter, to complete.

complot, *m* , plot, conspiracy

composer, to compose, make up, compound (*of medicines*).

comprendre, to understand.

comprimer, to keep down, restrain, compress.

comprit, pret. of **comprendre.**

compromettant, injurious, dangerous, compromitting.

compromettre, to put in danger, endanger.

comptant, in cash; **argent —,** cash.

compte, *m* , account; **se rendre —,** to realize; **tout — fait,** taking all in all; **pour son propre —,** on his own account.

compter, to count, count up, figure, reckon, expect; **à — d'aujourd'hui,** henceforth, from to-day on.

compulser, to examine, look through.

comte, *m* , Count

conception, *f* , conception.

concerner, to concern, refer.

condamner, to condemn.

condenser (se), to be concentrated

condition, *f.*, condition; **à la** —, on the condition.

·conducteur, *m* , leader.

conduire, to conduct, take, lead

conduit, *m* , conduit, duct.

conférer, to grant, bestow.

confiant, -e, confident

confirmer, to confirm.

confondu, -e, astounded, confused

confusément, vaguely.

conique, conical

connaissance, *f.*, acquaintance, knowledge, consciousness, **il aura pris** —, he will have taken notice, **sans** —, unconscious.

connaître, to know, be acquainted

conquête, *f* , conquest.

consacrer, to devote.

conscience, *f* , consciousness, conscience

conseil, *m* , counsel.

consentir, to consent

conséquence, *f* , consequence; **en** —, in consequence.

conséquent (**par**), consequently

conservation, *f* , preservation

*conserver, to keep.*

considérable, considerable.

considérer, to look at, consider.

consister, to consist.

consolat-eur, -rice, consoling, encouraging.

consolation, *f.*, consolation.

consoler, to console.

consommé, -e, consummate, perfect.

conspirer, to plot, conspire.

constamment, constantly.

constitution, *f.*, constitution.

construire, to build, construct.

consulter, to consult.

consumer, to consume, burn up.

contact, *m.*, contact.

contenir, to contain

contenir (**se**), to control oneself.

content, -e, satisfied, contented.

contenter (**se**), to be satisfied; — **de**, to be satisfied with.

contenu, *m* , contents.

contient — **contenir.**

continuer, to continue, go on.

continuité, *f.*, continuity; **solution de** —, interstice, solution of continuity.

contraire, contrary; **au** —, on the contrary.

contrat, *m* , contract.

contre, against.

contrebandier, *m.*, smuggler, smuggling; **ce qu'il a de mieux en** —**s**, the worst smugglers.

**contredire**, to contradict
**contrée**, *f.*, country
**contre-pied**, *m*, back scent, **il prit le —**, he turned around, walked backward
**convaincre**, to convince.
**convainquit — convaincre**
**convenable**, proper; **peu —**, rude, rough.
**convenir**, to agree.
**conversation**, *f*, conversation
**conviction**, *f*, conviction.
**convulsi-f, -ve**, convulsive.
**convulsion**, *f*, convulsion.
**convulsivement**, convulsively
**coordonner**, to arrange properly, put in order.
**coquet, -te**, coquettish, well dressed.
**corail**, *m*, coral.
**corde**, *f*, rope
**cordial, -e**, cordial.
**cordialité**, *f*, cordiality.
**corne**, *f*, mizzenmast, horn; **— à poudre**, powderhorn, powderflask
**corps**, *m*, body, object; **reprendre — à —**, to struggle hand to hand with.
**correct, -e**, correct.
**corridor**, *m*, corridor, hall
**corriger**, to correct
**Corse**, *f*, Corsica; see note 7, page 83.
**cortège**, *m.*, procession, cortege.
**costume**, *m*, costume.
**côte**, *f*, coast, **écumer les —s**, to scour the seacoast

**côté**, *m*, side, direction; **de son —**, on; **à — de**, at the side of, beside.
**coton**, *m*, cotton
**cou**, *m*, neck, **qui se jeta à son —**, who fell on his neck.
**couché, -e**, in bed, lying down.
**coucher (se)**, to lie down, retire, go to bed.
**couchette**, *f*, cot, small bed.
**couler**, to flow, sink; **faites —**, drop, **— à fond**, to sink down to the bottom.
**couleuvre**, *f*, adder
**couloir**, *m*, passage.
**coup**, *m*, knock, blow, stroke; **tout à —**, suddenly, **du premier —**, the first time, at the first attempt; **sur le —**, at once, instantaneously; **— de couteau**, knife thrust; **— de pied**, kick; **— de fusil**, gunshot; **— de tonnerre**, clap of thunder, **— d'œil**, glance; **à —s précipités**, in rapidly succeeding claps, **à — sûr**, surely
**coupable**, guilty
**couper**, to cut, cross
**cour**, *f*, courtyard
**courage**, *m*, courage, **il rappela tout son —**, he gathered all his courage.
**courbe**, *f.*, curve
**courber**, to bend
**courber (se)**, to stoop, bend down.

courir, to run; — des bordées, to tack about.
couronner, to crown
course, *f.*, way, course.
court, -e, short.
couteau, *m*, knife; coup de
—, knife thrust; il jouait
du —, he would fall upon
them with his knife.
coûter, to cost; — cher, to
be expensive, be dear, —
si peu cher, to be so cheap.
couture, *f*, seam.
couvercle, *m*, top, lid.
couvert, *m*, cover; on dressa
le —, the table was set.
couvert — couvrir.
couverture, *f*, blanket.
couvrir, to cover, drown (*of
the voice*)
craignant — craindre.
craindre, to fear.
crainte, *f*, fear.
crampe, *f*, cramp.
cramponner (se), to cling,
catch hold of.
craquement, *m.*, crashing.
création, *f*, creation.
créature, *f*, creature.
créer, to create.
crépuscule, *m.*, twilight.
creuser, to dig, furrow, cut
creuser (se), to dig for oneself.
creux, *m*, hollow.
creu-x, -se, hollow.
cri, *m*, cry, — douloureux,
mournful cry; jeter un —.
to utter a cry: pousser un
—, to utter a cry.

criard, -e, squeaking.
crier, to cry out, cry, squeak,
crack.
crime, *m.*, crime.
crinière, *f*, mane.
crique, *f.*, creek.
crise, *f*, crisis.
crispé, -e, clinched, set.
cristal, *m*, glass, crystal.
cristallin, *m.*, crystalline appearance.
croire, to believe.
crois — croire
croiser, to cross, fold (*of
the arms*).
Croisille, see note 25, page 103.
croissant — croître.
croître, to increase.
croix, *f.*, cross.
crosse, *f.*, butt end (*of guns*).
croulement, *m*, crumbling
down, sinking.
cruche, *f.*, jug; à même la —,
out of the jug.
cruel, -le, cruel.
crut — croire
cuiller, *f.*, spoon.
cuire, to cook; faire —, to
cook.
curieu-x, -se, curious.
curiosité, *f*, curiosity.
cylindre, *m.*, cylinder.

# D

dalle, *f.*, flagstone.
daller, to pave with flag-
stones.
danger, *m.*, danger.

**dans**, in, within.

**danser**, to flicker (*of a flame*).

**Dante**, see note 20, page 49

**date**, *f*, date.

**Daume**, see note 1, page 101.

**davantage**, any more.

**de**, of, from, to, with, for.

**dé**, *m*., die; **sur un coup de —s**, on the throwing of the dice.

**débarquement**, *m*., landing

**débarquer**, to land, disembark.

**déblayer**, to clear, clear away.

**déboucher**, to come out.

**debout**, standing

**débris**, *m*., piece, débris, wreckage.

**début**, *m*., beginning

**décembre**, *m*., December

**déception**, *f*., disappointment

**déchaîner**, to let loose, **la tempête était déchaînée**, the storm had burst out

**déchausser**, to take out, loosen.

**déchirer**, to tear; **se —**, to be torn

**décidément**, decidedly, surely

**décider**, to decide

**décision**, *f*, decision.

**déclaration**, *f*, declaration

**déclarer**, to declare.

**déclin**, *m*., decline.

**décombres**, *m. plur*, rubbish.

**décomposé, -e**, discomposed; **visage —**, distorted countenance.

**découragement**, *m*, discouragement

**décourager (se)**, to become discouraged.

**découvert, -e**, discovered, found out, uncovered, open.

**découverte**, *f*, discovery, finding out

**découvrir**, to find out, discover, uncover, look over

**décrire**, to describe

**dédale**, *m*, labyrinth, maze

**dedans**, within, inside; **en —**, inside, from inside.

**défaillant, -e**, failing.

**défaut**, *m*, want, lack; **le trouver en —**, to find him at fault

**défendre**, to defend, protect

**défendre (se)**, to defend oneself

**défense**, *f*, defense

**défensive**, *f*, defensive, **sur la —**, upon the defensive

**défiance**, *f*, diffidence, distrust

**déficit**, *m* (*t is pronounced*), loss, deficit

**défier (se)**, to distrust

**défunt, -e**, deceased, defunct.

**dégarnir**, to strip.

**dégât**, *m*, damage, havoc.

**degré**, *m*, degree, stage.

**déjà**, already

**déjeuner**, to breakfast.

**déjeuner**, *m.*, breakfast
**délice**, *m. and f.*, delight.
**délicieu-x**, **-se**, delightful, delicious.
**délire**, *m.*, delirium, excitement, **avait le —**, was delirious.
**délivrance**, *f.*, deliverance, escape.
**délivrer**, to free, set free
**demain**, to-morrow.
**demande**, *f*, request.
**demander**, to ask.
**demander** (se), to ask oneself, wonder.
**demeurer**, to remain
**demi**, **-e**, half; **à —**, half.
**démonstration**, *f*, demonstration,
**dent**, *m*, tooth, prong; **qui fait claquer mes, —s**, which makes my teeth chatter.
**dénué**, **-e**, made bare of, deprived
**départ**, *m*, departure.
**déplacer**, to move, displace.
**déposer**, to put, place.
**dépôt**, *m*, deposit.
**depuis**, since, for
**déraison**, *f*, madness, insanity.
**déranger**, to disturb, trouble, move
**déranger** (se), to get out of order.
**derni-er**, **-ère**, last
*derrière*, behind
*dérober, to hide, conceal.*

**déroger**, to derogate; **— à ses habitudes**, derogate from his own habits
**dérouler** (se), to unroll oneself, be unrolled
**dès**, from, as soon as; **— lors**, henceforth, **— que**, as soon as.
**désapprendre**, to unlearn, forget.
**désappris — désapprendre.**
**désavantageu-x**, **-se**, disadvantageous.
**desceller**, to loosen
**descendre**, to take down, descend, come down, go down.
**désert**, **-e**, deserted.
**désespéré**, **-e**, desperate.
**désespoir**, *m*, despair.
**désintéressé**, **-e**, disinterested.
**désir**, *m*, desire.
**désirer**, to desire, wish.
**désormais**, henceforth.
**dessein**, *m*, design, plan.
**desserrer**, to open.
**dessin**, *m*, drawing
**dessiner**, to set off, delineate, outline, draw.
**dessiner** (se), to be outlined.
**dessous**, under, underneath.
**dessus**, on, upon, above, over.
**destinée**, *f.*, destiny, fate
**destiner**, to destine.
**détacher**, to loosen, detach.
**détacher** (se), to come off.
**détail**, *f*, detail.
**détailler**, to relate minutely, detail.
**déteint**, **-e**, faded (*of colors*).

détour, *m.*, turning, détour, byway, winding.

détourner, to turn away.

détraquer (se), to become disordered, impaired.

détresse, *f*, distress.

détruire, to destroy.

dette, *f.*, debt.

deux, two; tous —, both of them.

deuxième, second.

devant, *m*, front.

devant, in front of, before.

devenir, to become.

deviner, to guess

devoir, to owe, must, should, ought

dévorer, to devour.

dévouement, devotion, self-sacrifice

diable, *m*, devil, fellow, pauvre —, poor fellow

diamant, *m.*, diamond

diamètre, *m*, diameter.

diète, *f*, diet; faire —, not to eat.

Dieu, *m*, God; que la volonté de — soit faite, may God's will be done.

difficile, difficult.

difficilement, with difficulty

difficulté, *f*, difficulty.

digne, worthy

dignité, *f*, dignity, office

dilater, to dilate

dimanche, *m*, Sunday

dîner, *m*, dinner.

dîner, to dine

dire, *m*, words, saying, au

— des guichetiers, according to what the turnkeys said

dire, to say, tell; vouloir —, to mean; c'est à —, that is to say; pour ainis —, so to speak; il fit —, he sent word, tout sera dit, no more will be said about it

dire (se), to say to oneself.

directement, directly

direction, *f*, direction

diriger, to direct, steer.

diriger (se), to direct oneself, come, go.

discipline, *f*, discipline.

disjoindre, to pull apart.

disparaître, to disappear.

disposé, -e, disposed; mal —, ill-disposed.

disposer (se), to get ready.

disposition, *f.*, disposal, disposition

disproportion, *f*, disproportion

dissoudre, to dissolve

distance, *f*, distance

distinct, -e, distinct, plain

distinctement, distinctly.

distinguer, to distinguish, make out

distraction, *f.*, diversion.

distraire, to distract, divert from.

distraire (se), to divert one's mind, divert oneself

distribution. *f*, distribution

dit, dites—dire.

**divertir**, to amuse.

**dix**, ten.

**dizaine**, about ten.

**doigt**, *m* , finger.

**domestique**, *m. and f.*, servant.

**domicile**, *m* , lodgings, abode

**donc**, then, now, therefore.

**donner**, to give, open (*of doors and windows*); **se —**, to give to oneself

**dont**, of which, whose, of whom, about whom, with which, by which, through which.

**dormir**, to sleep

**dos**, *m* , back; **tourner le —**, to go away

**douane**, *f* , customhouse

**douanier**, *m.*, customhouse officer.

**double**, double.

**doubler**, to double.

**douer**, to endow.

**douleur**, *f* , grief, sorrow, pain.

**douloureusement**, sorrowfully

**douloureu-x, -se**, painful; **cri —**, mournful cry.

**doute**, *m* , doubt; **sans —**, without doubt, **plus de —**, there was no doubt.

**douter**, to doubt.

**douter (se)**, to suspect.

**douteu-x, -se**, doubtful; **aisance — se**, rather straitened circumstances

*dou-x, -ce*, sweet, pleasant, soft.

**douzaine**, *f.*, about twelve, dozen.

**douze**, twelve.

**drap**, *m.*, bed sheet.

**dresser**, to draw (*of a scale of proportions*), set (*of table*), draw up, make out; **on dressa le couvert**, the table was set

**dresser (se)**, to raise oneself, rise, stand up; **sentit — ses cheveux**, felt his hair standing on end

**droit**, *m.*, right.

**droit, -e**, right, straight

**du**, of the, from the, some, any.

**dû, due — devoir**.

**duc**, *m.*, duke.

**dupe**, *f.*, dupe; **dont ils puissent être la —**, which they would believe.

**duquel = de lequel**.

**dur, -e**, hard.

**durée**, *f.*, duration.

**durer**, to last.

**dût — devoir; — -il**, must he be? should he be?

**dynamique**, *f.*, dynamics

## E

**eau**, *f* , water; **entre deux —x**, under water.

**éblouir**, to dazzle.

**éblouissant, -e**, dazzling.

**éblouissement**, *m* , dizziness

**ébranlement**, *m* , shaking.

**ébranler**, to shake, loosen, move.

écaille, *f.*, chipping, scale
écarter, to push aside, discard, put aside
échange, *m*, exchange.
échapper, to escape
échapper (s'), to escape
échelle, *f.*, scale, ladder.
écho, *m*, echo.
échouer, to fail.
éclair, *m*, flash, flash of lightning.
éclairer, to light up.
éclat, *m.*, piece, fragment; vola en —s, was broken into pieces, blown to pieces.
éclatant, -e, dazzling, glittering, effulgent.
éclater, to break out, burst out, break forth
écorce, *f.*, appearance, bark
écouler (s'), to pass away, glide away
écouter, to listen.
écraser, to crush
écraser (s'), to be crushed, be smashed
écrier (s'), to exclaim
écrire, to write.
écriture, *f.*, writing, handwriting.
écu, *m*, crown, ducat (*about* 60 *cents*)
écume, *f*, froth
écumer, to froth (*at the mouth*), foam; — les côtes, to scour the seacoast
écumeu-x, -se, frothy, foamy
Edmond, *m*, Edmund
éducation, *f*, education.

effectivement, effectively, in reality
effet, *m*, effect; en —, in effect, in fact, in reality.
effigie, *f*, effigy
effiler, to unweave, ravel out.
effondrer (s'), to sink, collapse.
effort, *m.*, effort.
effrayant, -e, frightful.
effrayer, to frighten.
effroyable, frightful.
égal, -e, even, equal.
également, equally, also.
égarer, to mislay.
église, *f*, church; homme d'—, clergyman, priest.
égoïste, selfish.
eh bien! well!
élan, *m.*, transport (*of the soul*), start, spring
élancement, *m.*, shooting pain.
élancer (s'), to rush, start
élargir, to broaden
élasticité, *f.*, elasticity, flexibility
Elbe, *f*, Elba; see note 7, page 83
élégant, -e, elegant.
élevé, -e, lofty, high.
élever, to bring up, raise.
elle, she, it, —s, they.
elle-même, herself, itself.
ellipse, *f*, ellipsis.
éloigné, -e, distant, remote
éloigner, to put away, drive away, take away
éloigner (s'), to go away,

keep away, get farther away

**embarrasser**, to embarrass, **ma tête est —**, my head is not clear

**embraser (s')**, to get excited, catch fire.

**émerveiller**, to amaze

**émissaire**, *m*, emissary.

**emmanché**, -e, set (*in a handle*).

**emmener**, to take, conduct.

**émotion**, *f*, emotion.

**émousser**, to take off the edge, dull.

**emparer (s')**, to take hold.

**empêcher**, to prevent, hinder.

**empereur**, *m.*, emperor.

**empiler**, to stack, pile.

**empire**, *m*, empire, control.

**emplacement**, *m*, place, spot.

**emploi**, *m*, use, position, employment.

**employer**, to employ, use.

**empoisonner**, to poison.

**emporter**, to take away, carry away.

**empourprer**, to make purple

**empresser (s')**, to hurry, hasten

**emprisonnement**, *m.*, imprisonment.

**en**, about it, of it, of them

**en**, in, within

**encadrer**, to frame.

**enchantement**, *m*, magic

**encore**, still, again, yet, moreover

***encourager***, *to encourage.*

**encre**, *f*, ink.

**endormi**, -e, asleep.

**endormir (s')**, to go to sleep.

**endroit**, *m*, spot, place.

**enduit**, *m*, coating, layer.

**endurer**, to suffer

**énergie**, *f*, energy.

**enfance**, *f*, childhood.

**enfant**, *m*, child.

**enfermer**, to confine, shut in.

**enfiler**, to thread (*of needles*).

**enfin**, finally, at last, in short.

**enfler**, to swell, swell out; **enflant sa voix**, speaking aloud.

**enflure**, *f.*, swelling.

**enfoncer**, to sink

**enfoncer (s')**, to sink, rush through, bury oneself.

**enfouir**, to bury.

**enfuir (s')**, to run away, flee.

**engagement**, *m.*, engagement.

**engager (s')**, to bind oneself, engage oneself.

**engloutir**, to ingulf, swallow up.

**engloutir (s')**, to be swallowed up, be ingulfed

**engourdir (s')**, to get benumbed.

**engourdissement**, *m.*, numbness, torpor

**enhardir**, to embolden.

**enlever**, to take away, remove, take off.

**enluminer**, to decorate, color, adorn.

**ennui**, *m.*, weariness, lonesomeness.

ennuyer, to worry, bother.

ennuyer (s'), to become wearied, tired.

énorme, enormous.

enraciner, to root.

enseignement, *m.*, teaching, lesson.

ensemble, *m.*, complete whole.

ensemble, together.

ensevelir, to bury.

ensuite, then, afterwards.

entaille, *f*, gash, notch.

entamer, to cut, split

entassement, *m*, heap, accumulation, pile.

entendre, to hear; — parler, to hear; se faire —, to be heard, make oneself heard.

entendre (s'), to hear oneself

enterrer, to bury.

enthousiaste, enthusiastic.

enti-er, -ère, whole, entire, complete

entièrement, entirely

entourer, to surround

entraîner, to carry away.

entre, between

entrée, *f.*, admission, entrance.

entreprendre, to undertake

entreprise, *f*, enterprise, undertaking.

entrer, to enter

entrevoir, to catch a glimpse of, guess.

entr'ouvert, -e, ajar, half open.

envahir, to invade.

envie, *f*, desire

environner, to be near, surround

environs, *m plur.*, vicinity, environs, aux — de, in the vicinity of.

envisager, to consider.

envoyer, to send, — chercher, to send for.

épais, -se, thick

épaisseur, *f.*, thickness

épaissir (s'), to grow thick, grow dark (*of the night*).

épanchement, *m*, congestion, — au cerveau, congestion of the brain.

épanouir (s'), to bloom.

épargner, to save, spare.

épars, -e, scattered

épaule, *f*, shoulder; hausser les —s, to shrug one's shoulders

époque, *f*, epoch, time.

épouvantail, *m.*, bugbear, scarecrow.

épouvante, *f*, fright

épouvanter, to frighten

épreuve, *f*, test, à toute —, proof against everything; solidité à toute —, unbreakable

éprouver, to experience, feel, test, try

épuisé, -e, exhausted, ruined

épuisement, *m.*, exhaustion

épuiser, to exhaust, drain

équipage, *m*, crew

équivaloir, to be equivalent

errant, -e, wandering.

erreur, *f*., error
escabeau, *m* , stool.
escalier, *m*., stairway.
escrimer (s'), to strive, apply oneself diligently.
espace, *m*., room, space, distance.
Espagne, *f*., Spain.
espagnol, -e, Spanish.
espèce, *f*., species, kind, sort
espérance, *f* , hope; ce je ne sais quoi d'—, that vague hope, de la plus belle —, with a brilliant future before him
espérer, to hope.
espion, *m* , spy.
espionner, to spy, watch
espoir, *m* , hope
esprit, *m* , mind, présence d'—, presence of mind
esquif, *m* , small boat, skiff.
essayer, to try.
Est, *m* , East
estomac, *m* , stomach, tiraillement d'—, gnawing at the stomach (*indicating hunger*)
et, and
établir, to establish
établir (s'), to take up one's residence, settle down.
étage, *m* , story, floor.
étai, *m* , mainstay
état, *m* , condition, state
éteignit — éteindre
*éteindre,* to extinguish, die out, put out .

éteindre (s'), to die away, be extinguished.
éteint, -e, extinct, extinguished.
étendre, to extend, stretch out, spread out.
étendre (s'), to spread, extend, run, stretch out, lie down.
éternel, -le, eternal.
éternellement, eternally, everlastingly.
étinceler, to sparkle.
étoffe, *f* , cloth, stuff.
étoile, *f* , star.
étonnement, *m* , astonishment.
étonner, to astonish.
étonner (s'), to wonder, be astonished.
étouffer, to choke, stifle, smother, put out (*of fire*), choke to death
étourdi, -e, stunned, dazzled, dizzy
étrange, strange.
étrangement, strangely.
étrang-er, -ère, stranger, foreigner.
étrangler, to strangle.
être, *m* , being
être, to be, c'était à —, it was enough; ne fut — ce que, should it be only; si ce n'est, except; n'est plus, does not exist any longer
étroit, -e, narrow.
étude, *f*., study.

étudier, to study.

eurent — avoir

eût — avoir.

eux, them, to them, they.

eux-mêmes, themselves.

évader (s'), to escape.

évanoui, -e, fainted, in a swoon.

évanouir (s'), to vanish.

évasion, ƒ, evasion, escape.

éveil, m., alarm.

éveillé, -e, awake.

événement, m , event

éventrer, to cut open, burst open.

evidemment, evidently, of course.

évident, -e, evident, plain.

éviter, to avoid.

exactement, exactly.

exaltation, ƒ., exaltation, excitement.

exalter, to excite, exalt.

examiner, to examine

excavation, ƒ., hole, excavation.

excellent, -e, excellent.

excepté, except.

excepter, to except.

exclamation, ƒ, exclamation

excursion, ƒ, excursion, outing.

exécuter, to make, execute, carry out.

exécuter (s'), to be carried out, executed

exécution, ƒ, execution, work , mettre à —, to execute, carry out.

exemple, m., example, instance.

exercer, to use.

exercice, m , exercise.

exiger, to exact, demand.

existence, ƒ, life, existence.

exister, to exist

expiration, ƒ., expiration, end.

explication, ƒ, explanation.

explosion, ƒ, report.

expression, ƒ, expression.

exprimer, to express.

exquis, -e, exquisite

exténué, -e, exhausted.

extérieur, -e, outer, outside.

extraire, to extract, take out

extrayaient — extraire.

extrême, extreme.

extrémité, ƒ., end, extremity.

## F

fable, ƒ, fable, story.

fabuleu-x, -se, fabulous.

face, ƒ, side, face; en — du, facing, in face of, in the presence of.

facile, easy

facilement, easily

facilité, ƒ, case, easiness, facility.

façon, ƒ, manner, de cette —, in this way, this manner; de —, so that.

faculté, ƒ, faculty

faible, weak, feeble; si — qu'il fût, no matter how little.

faiblement, dimly

faillir, to be on the point of

faim, *f*, hunger, avoir —, to be hungry, mourir de —, to starve to death, starve.

fainéant, -e, lazy person, sluggard

faire, to do, make.

faire (se), to make oneself, be made, make for oneself, il se faisait quelque chose, something was being done

falloir, to be necessary, must, ought, take; il s'en fallait bien peu qu'il ne fût fou, he was almost insane.

fallut — falloir.

falot, *m*, large lantern.

fameu-x, -se, famous.

famili-er, -ère, familiar companion

famille, *f*, family

fanal, *m*, lantern.

fangeu-x, -se, marshy

fantastique, weird, fantastic

fantôme, *m*, phantom, ghost

fardeau, *m*, burden.

farine, *f*, flour.

fatigue, *f*, fatigue.

fatigué, -e, tired

fatiguer, to tire, fatigue.

faudrait — falloir

faut — falloir

faute, *f*, fault; — de, for want of

fauve, reddish, tawny.

*faveur*, *f*, favor

*favorable*, favorable.

favoris, *m plur.*, side whiskers

fébrile, febrile, feverish

fécond, -e, fertile, fecund.

feindre, to feign, pretend.

feint — feindre

félicité, *f*, felicity, happiness.

féliciter (se), to congratulate oneself.

felouque, *f*, felucca (*a boat*).

fendre, to split, sail; — les flots, to swim.

fenêtre, *f.*, window.

fer, *m*, iron; — à cheval, horseshoe.

ferai — faire.

fer-blanc, *m*, tin.

ferme, firm; terre —, terra firma, solid ground.

fermer, to close.

ferrure, *f*, iron-work.

fétide, fetid, rank.

feu, *m*, fire, light; — follet, will-o'-the-wisp; mettre le —, to set fire.

feuille, *f*, leaf, sheet.

février, *m*, February.

fiche, *f*, pin (*for a hinge*).

ficti-f, -ve, fictitious.

fidèle, faithful, true.

fiévreu-x, -se, feverish.

figure, *f*, figure, face.

figurer (se), to imagine, fancy.

fil, *m*, thread.

fils, *m*, son, de père en —, from father to son.

filtrer, to pass through, filter.

fin, *f*, end; y mettre —, to put an end to it.

**finir**, to finish; **en —**, to get through, to beat thoroughly; **tout serait fini**, all would be over.

**fiole**, *f*, vial

**fissure**, *f*, crack.

**fit — faire.**

**fixe**, fixed, steady

**fixer** (**se**), to settle down, settle.

**flacon**, *m.*, flagon, small bottle.

**flamboyant**, **-e**, flaming.

**flamme**, *f*, flame.

**flanc**, *m.*, side, flank.

**flatter**, to flatter, tickle

**flèche**, *f.*, arrow

**flétrissure**, *f*, brand.

**fleur**, *f*, flower.

**flexibilité**, *f.*, flexibility.

**Florence**, see note 2, page 78

**flot**, *m.*, wave, sea; **fendre les —s**, to swim.

**flottant**, **-e**, wavering, undecided, floating.

**flotter**, to float, waver.

**foi**, *f*, faith; **ma —!** upon my faith

**fois**, *f*, time; **une —**, once; **deux —**, twice; **une seule —**, a single time

**folie**, *f.*, insanity, madness, **toucher à la —**, to be nearly insane

**follet**, **-te**, playful; **feu —**, will-o'-the-wisp

**fond**, *m*, further end, bottom, depth; **couler à —**, to sink down to the bottom.

**fondation**, *f*, foundation.

**fondre**, to melt

**fondre** (**se**), to melt.

**font**, *pres*, of **faire**.

**force**, *f*, strength, force; **à — de**, by dint of

**forcer**, to force open, force, compel.

**forme**, *f.*, shape, form.

**former**, to form

**formidable**, formidable.

**fort**, very much, very loud, strongly.

**fort**, **-e**, strong, heavy (*of the sea*), stout; **— parmi les —s**, the strongest of the strong (*of character*).

**forteresse**, *f.*, fortress.

**fortifier**, to strengthen fortify.

**fortune**, *f*, fortune.

**fosse**, *f*, grave

**fossoyeur**, *m*, gravedigger.

**fou**, **fol**, **-le**, mad, insane

**fouiller**, to search, seek, fumble.

**foule**, *f*, crowd, lot.

**fouler**, to tread, trample on.

**fournir**, to furnish, provide

**fourrer**, to put, thrust.

**foyer**, *m*, hearth, fireplace, fire

**fragment**, *m*, fragment,

**fra-is**, **-îche**, fresh, clean

**franc**, *m*, franc (*about* 20 *cents*)

**franc**, **-he**, frank

**français**, **-e**, French

**franchir**, to cross, go over.

frapper, to knock, hit, strike

frémir, to tremble, shudder

frémissement, m , shudder-ing, beating (*of the heart*)

fresque, *f.*, fresco; **peindre à —**, to paint in fresco

friable, brittle

friction, *f* , rubbing, friction

frisson, m , shudder, shiver

frissonner, to shiver, shudder

froid, *m.*, cold, **avoir —**, to be cold.

froid, -e, cold

froisser, to rumple, bruise

front, m , forehead.

frotter, to rub, rub down.

fruit, m , fruit

fugiti-f, -ve, fugitive.

fuir, to flee, run away

fuite, *f* , flight, evasion.

fumant, -e, steaming hot, smoking

fureur, *f* , fury

furieu-x, -se, furious

fusil, m , shotgun; **coup de —**, gunshot, **à portée de —**, within gunshot

fût — être; — -il, should it be

futur, -e, future, would-be.

### G

gabelle, *f.*, gabel, **dame —**, the customhouse.

gagner, to reach, gain, win, earn, seize.

gaiement, cheerfully, gayly.

galerie, *f.*, passage, gallery.

galérien, *m.*, convict, prisoner

galvanique, galvanic.

garde, *m.*, guard, soldier.

garder, to guard, watch over, keep.

gardien, *m.*, guard, trustee, guardian,

garnir, to provide.

gauche, left.

géant, m , giant.

gémir, to groan, moan.

gendarme, m , gendarme, policeman

généalogique, genealogical; **arbre —**, genealogical tree.

gêner, to hinder.

général, -e, general; **en —**, generally.

généralement, generally.

généreu-x, -se, generous.

génie, *m.*, genius, spirit.

génois, -e, Genoese

genou, m , knee; **à —x**, on one's knees; **se précipiter à —x**, to fall on one's knees.

genre, *m.*, kind, sort

gens, m *and f. plur.*, people.

geôlier, m , jailer.

géométrie, *f.*, geometry.

gerçure, *f* , crack

germer, to come out, spring up

gésir, to lie.

geste. *m* , gesture

gesticulation, *f.*, gesticulation.

gisait — gésir.

glacé, -e, ice-cold, icy, frozen.

glacer, to freeze.

glacial, -e, icy, freezing.

glissant, -e, slippery.

glisser, to slip, slide down, glide.

glisser (se), to slip through, slip in.

gloutonnement, greedily.

gonfler, to swell, fill up

gorgée, f., swallow

gothique, Gothic.

gourde, f., flask, canteen.

goûter, to enjoy.

goutte, f., drop.

gouvernail, m., rudder.

gouvernement, m , government.

gouverner, to steer.

gouverneur, m , governor

grâce, f., grace; — à, thanks to

gracieusement, gracefully.

grain, m., squall.

graisse, f., grease.

grand, -e, large, great, big.

grandir, to grow larger.

granit, m., granite.

granitique, granitic.

grattement, m , scratch, scrape.

gratter, to scratch, scrape

grave, grave, serious

gravité, f , seriousness, graveness, gravity.

grec, -que, Greek

grêle, f , hail

grès, m., sandstone.

griffe, f., claw.

griller, to grate (of windows).

grinçant, -e, grating, grinding (of noises).

grincement, m , squeaking, grinding

grincer, to squeak, grate.

gris, -e, gray

grisâtre, grayish

grisonner, to turn gray

grommeler, to grumble.

grondement, m , roaring

gronder, to scold, grumble.

gros, -se, large, big

grossi-er, -ère, coarse.

grotte, f , grotto

guerre, f , war.

guichet, m , small window; — de fer, iron grating

guichetier, m , turnkey; au dire des —s, according to what the turnkeys said.

guider, to guide.

guider (se), to guide oneself.

guillotiner, to guillotine, behead.

# H

(' indicates aspirate h.)

habile, able, skillful

habileté, f , ability, skill

habit, m , garment; —s, clothing, clothes.

habitation, f , residence, habitation, abode

habiter, to inhabit, live in

habitude, f , habit, avoir l'—, to be in the habit;

comm d'—, as usual, déroger à ses —s, to derogate from his own habit.

habitué, -e, used

habituel, -le, habitual, customary, usual.

habituer (s'), to get used.

'hagard, -e, haggard, wild.

'haillon, m., rags, tatters.

haleine, f, breath

'haletant, -e, panting.

'hardi, -e, bold

'hardiment, boldly.

'hasard, m, chance, hazard.

'hasarder (se), to venture.

hâte, f, haste; avait au moins aussi grande — que, was at least as anxious as; j'ai —, I am anxious, desirous.

'hâti-f, -ve, premature.

'hausser, to raise; — les épaules, to shrug one's shoulders

'haut, m., height, top; tomber du —, to come down, de — en bas, from top to bottom, par le —, at the top.

'haut, loud, tout —, aloud; d'en —, from above.

'haut, -e, high

'hauteur, f, height,

hébété, -e, stupid, dull

hélas! alas!

herbe, f, grass.

Hercule, m, see note 21, page 26

'hérissé, -e, standing on end, bristling

héritage, f., inheritance, estate.

hériter, to inherit.

hériti-er, -ère, heir.

herméticité, f, tightness.

hésitation, f, hesitation; flottait dans son —, was hesitating.

hésiter, to hesitate.

'hêtre, m., beech

heure, f, hour, o'clock, time; à cette —, now, at the present time, à la bonne —, well and good, de bonne —, early; tout à l'—, immediately, after awhile; d'assez bonne —, rather early

heureusement, happily, fortunately, luckily.

heureu-x, -se, happy, successful

'hideu-x, -se, hideous.

hier, yesterday.

'hisser, to hoist, hoist up, haul up

histoire, f., history, story.

historique, historical.

'hocher, to shake; — la tête, to shake one's head.

homme, m., man; de l'—, human; un — vaut un —, a man is a good as another man, — d'ordre, orderly man

honnête, honest, upright.

honneur, m, honor.

horizon, m, horizon.

horloge, f., clock.

horreur, *f*, horror.
horrible, horrible.
'hors, outside of.
hospitali-er, -ère, hospitable
hôte, *m*, guest.
huile, *f*, oil
'huit, eight; — jours, a week
'huitième, *m*, eighth
humain, -e, human
humide, damp, humid.
humidité, *f*., dampness, humidity.

# I

ici, here; jusqu' —, so far.
idée, *f*, idea
idiome, *m*, language, idiom.
ignorance, *f*, ignorance
ignorer, not to know, be ignorant of
il, he, it
île, *f*, island
illumination, *f*, illumination
illuminer, to light up, illuminate
illusion, *f*, illusion.
ils, they.
imagination, *f*, imagination
imaginer, to devise.
imbécile, fool
imiter, to imitate
immédiatement, immediately
immense, immense
immensité, *f*, immensity
immersion, *f*, immersion
immobile, motionless, immovable
immobilité, *f*, immobility.

impassible, impassive
impatiemment, impatiently.
impatience, *f*, impatience.
impatienter (s'), to grow impatient
imperceptible, imperceptible.
imperfection, *f*, imperfection.
impérieu-x, -se, imperious.
impitoyable, pitiless
impitoyablement, pitilessly.
important, -e, important.
importer, to matter, import; n'importe, no matter.
importun, -e, troublesome, importunate.
imposant, -e, imposing, commanding.
impossible, impossible.
imprégner, to impregnate.
imprévu, -e, unforeseen.
imprimer, to print, impress.
imprimeur, *m*, printer
improviste (à l'), unawares.
impuissant, -e, powerless
impulsion, *f*, impulsion, impulse.
inachevé, -e, unfinished, incomplete.
inacti-f, -ve, idle.
inappréciable, priceless.
incalculable, incalculable
incarcération, *f*, incarceration, imprisonment
incessant, -e, incessant
incliner, to lean, incline
incompl-et, -ète, incomplete
inconnu, -e, unknown
inconvénient, *m*, difficulty.

incrédule, doubting, incredulous.

incrédulité, f, incredulity, unbelief.

incroyable, incredible

indépendant, -e, independent

indicateur, indicating.

indicible, unspeakable, inexpressible.

indignation, f., indignation.

indiquer, to indicate, show, designate.

indisposition, f., illness.

induction, f, induction.

industrie, f., industry, work.

inégal, -e, unequal, uneven, jerky.

inerte, idle, inert, helpless.

inespéré, -e, unhoped for.

infamant, -e, infamous, ignominious.

infatigable, indefatigable.

inférieur, -e, lower, inferior, under.

infernal, -e, infernal.

infini, -e, infinite.

informe, shapeless

infraction, f, infraction

infranchissable, not to be gotten out of (of prisons)

ingénieu-x, -se, ingenious

inintelligible, unintelligible.

injecter (s'), to be injected; — de rouge, to become bloodshot (of eyes).

injonction, f., order, injunction

innocence, f., innocence.

innocent, -e, innocent.

inonder, to flood.

inouï, -e, unheard of.

in-quarto, m., quarto (of size of books).

inqui-et, -ète, disquieted, anxious.

inquiéter, to disturb.

inquiéter (s'), to be disturbed, anxious, mind.

inquiétude, f, anxiety.

insensé, -e, insane.

insensible, insensible, unfeeling.

insensiblement, slowly, imperceptibly.

insignes, m. plur., insignia.

insister, to insist.

inspecteur, m., inspector.

inspirer, to inspire.

installer, to place, install.

instant, m., moment, instant; à l'— même, instantaneously, at once, at that very moment.

instinct, m., instinct; d'—, instinctively.

instincti-f, -ve, instinctive.

instinctivement, instinctively.

instructi-f, -ve, instructive.

instruction, f, instruction.

instruire, to educate, teach.

instrument, m., instrument.

insu (à l'), unknown to; à son —, unknown to him.

insuffisant, -e, insufficient, inadequate

insupportable, insupportable.

intellectuel, -le, intellectual.

intelligence, *f*, intelligence, understanding.

intelligent, -e, intelligent

intelligible, intelligible

intendant, *m.*, steward, manager

intention, *f.*, intention.

intéresser, to interest.

intéresser (s'), to be interested, take interest.

intérêt, *m.*, interest.

intérieur, interior.

interlocut-eur, -rice, interlocutor, talker.

intermédiaire, intervening, intermediate

interrogat-eur, -rice, questioning.

interroger, to question, interrogate, search

interrompre, to interrupt

intervalle, *m*, interval, interstice

intime, intimate.

intrépide, intrepid, brave

intrépidement, intrepidly, fearlessly.

intrinsèque, intrinsic.

introduire, to introduce.

inutile, useless.

inutilement, to no avail, uselessly, vainly.

inventer, to invent.

invention, *f*, invention

investigat-eur, -rice, scrutinizing, searching

invincible, unconquerable.

invisible, invisible

invitation, *f.*, invitation

inviter, to invite

involontairement, involuntarily.

irait — aller.

irriter, to irritate.

isolé, -e, lonely, isolated.

Italie, *f*, Italy.

italien, -ne, Italian.

# J

jadis, formerly

jaillir, to burst out, spring

jamais, never, ever; **à tout —**, forever.

jambe, *f.*, leg.

jaunâtre, yellowish.

jaune, yellow.

je, I.

jeter, to throw, cast, utter, give out, land; **— un cri**, to utter a cry; **— les yeux**, to cast a glance.

jeter (se), to throw oneself.

jeu, *m.*, play, gamble; **en —**, at stake.

jeune, young.

jeunesse, *f.*, youth.

joie, *f.*, joy.

joignit — joindre.

joindre, to clasp, connect.

joindre (se), to come together.

joue, *f*, cheek.

jouer, to play, act.

joueu-r, -se, gambler.

jouir, to enjoy, possess, be in possession of.

jour, *m.*, day, daylight, light; **huit —s**, a week; **tous** les —s, every day; —s maigres, fish days; quinze —s, a fortnight; un —, some day; se faire —, to come out, make one's way, mettre au —, to uncover.

journée, *f*, day; toute la —, the whole day

joyeu-x, -se, joyful.

jugement, *m*, judgment.

juger, to deem, think, judge.

jurer, to swear.

jusque, until, to, down to, up to, even; — -là, up to that time.

juste, exactly, just.

justement, just

justifier, to justify; ce qui ne justifiait pas mal, which partly supported, justified.

## L

la, the; her.

là, there; de —, therefrom, thence

là bas, over there.

labeur, *m*, labor, toil.

laboratoire, *m*, laboratory.

laborieu-x, -se, laborious

lâcher, to let go.

laine, *f.*, wool.

laisser, to let, permit, allow, leave

laisser (se), to allow oneself

lambeau, *m*, tatter, rag, piece; il tombait en —x, *it was going* to pieces, was *in tatters.*

lame, *f.*, blade.

lamentable, woeful.

lampion, *m*, grease pot (*lamp*).

lancer, to throw.

langue, *f*, tongue, language.

laps, *m*, length, lapse (*of time*)

large, *m*, width; le —, the open sea.

large, wide, broad.

larme, *f*, tear.

lasser, to tire, tire out.

lasser (se), to become tired, get tired out.

latéral, -e, lateral, side.

latin, -e, Latin; voile —e, a triangular sail, lit, Latin sail.

Latude, see note 2, page 48.

laver, to wash

Lavoisier, see note 7, page 49.

le, the, it, him, to him; so.

lecture, *f*, reading.

légataire, *m.*, legatee; — universel, residuary legatee

lég-er, -ère, slight, light, nimble

légèrement, slightly, lightly

légitime, *f*, legitimate

léguer, to bequeath

lejourd'hui, to-day.

Lemaire, see note 1, page 101.

lendemain, *m*, the next day

lent, -e, slow; si — qu'il fût, no matter how slow it had been

lentement, slowly.

lentisque, *m.*, lentisk (*a tree*)

lequel, laquelle, lesquels, lesquelles, which, whom.

les, the, them.

lestement, nimbly, quickly

lettre, *f*, letter.

leur, -s, their.

Levant, *m*, East, Levant.

levant, -e, rising.

lever, to raise, lift; — l'ancre, to weigh anchor.

lever (se), to rise, get up.

levier, *m*, lever; faire le —, to pull up, lift.

lèvre, *f*, lip

lézard, *m.*, lizard

liasse, *f*, bundle of paper.

libéralement, liberally, generously

liberté, *f.*, liberty, freedom; mettre en —, to set free.

libre, free

librement, freely.

lichen, *m*, lichen.

licite, lawful, permitted

lié, -e, connected, j'étais — avec, I was friendly with

lien, *m*, tie, rope

lier, to tie, bind.

lieu, *m.*, place; au — de, instead of; lui tint —, took for him the place

lieue, *f*, league (*about* 3 *miles*).

ligne, *f*, line, cut (*of a face*), direction.

lime, *f*, file.

limpidité, *f.*, limpidity, clearness.

linceul, *m*, shroud.

linge, *m*, linen.

lingot, *m*, ingot.

liqueur, *f.*, liquid, liquor.

lire, to read.

lisse, smooth, glossy

lit, *m.*, bed; bois de —, bedstead

livide, ghastly, livid

Livourne, Leghorn, see note 18, page 112.

livre, *f.*, franc (*about* 20 *cents*), pound, une demi- —, half a pound

livre, *m*, book

livrer, to betray

logement, *m*, lodgings.

loger, to house (=*hide*).

logique, *f*, logic

logique, logical

loin, far; au —, far away; plus —, farther, — de, far from.

loisir, *m*, leisure

long, *m.*, length, le — de, along, towards

long, -ue, long

longer, to go along, run along, sail along

longtemps, a long time

longueur, *f*, length, dans le sens de la —, lengthwise.

lors, then; dès —, henceforth

lorsque, when

louer, to hire, rent.

Louis XII, see note 13, page 73.

loup, *m.*, wolf, — **de mer**, tar.

lourd, -e, heavy.

loyauté, *f.*, loyalty.

lucarne, *f*, garret window, small window

lucidité, *f*, lucidity.

lueur, *f.*, light; **à la —**, in the light

lui, him, to him, he, her, to her; **chez —**, to his room.

lui-même, oneself, himself, itself.

lumière, *f*, light; — **voilée**, dim light

lune, *f.*, moon

lustré, -e, shiny.

lut — lire.

lutte, *f*, struggle.

lutter, to struggle.

lutteur, *m.*, athlete, wrestler.

### M

Machiavel, Machiavelli, see note 20, page 42

machinal, -e, mechanical, machinelike

machine, *f*, machine.

mâchoire, *f.*, jaw.

maçonnerie, *f*, masonry, mason's work

magie, *f*, magic

magnificence, *f*, magnificence.

magnifique, magnificent

maigre, lean, thin; **jour —**, fish day; **faire —**, to *abstain from flesh*

*maigreur, f.,* thinness.

main, *f*, hand; **battit des —s**, clapped his hands; **firent — basse**, plundered; **la — appliquée à**, his hand set on.

maintenant, now

maintenir, to hold, maintain, keep.

mais, but, why.

maison, *f.*, house.

maître, *m.*, master.

majesté, *f*, majesty.

mal, *m*, illness, harm, attack (*of illness*).

mal, badly.

malade, ill, sick.

malade, *m and f.*, sick person

maladie, *m*, illness, malady, disease.

maladresse, *f*, awkwardness

maladroit, -e, awkward person.

malgré, in spite of.

malheur, *m*, misfortune; **par —**, unfortunately.

malheureusement, unfortunately.

malheureu-x, -se, unfortunate.

maltais, -e, Maltese.

manche, *m*, handle.

manger, to eat.

manière, *f*, manner, way, **en — de**, as a.

manifester, to manifest, make known.

manœuvre, *f*, maneuver, action.

**manquer**, to fail, miss, lack, be wanting.

**manteau**, *m.*, cloak.

**manuscrit**, *m.*, manuscript.

**marbre**, *m.*, marble

**marchand**, -e, merchant; **bâ-timent- —**, merchantman.

**marche**, *f.*, step.

**marcher**, to go through, walk, proceed, move.

**marin**, *m.*, sailor.

**marinier**, *m.*, mariner.

**Marseille**, Marseilles, see note 16, page 11.

**marteau**, *m.*, hammer; **— de fer**, iron door knocker.

**masquer**, to mask, hide.

**masse**, *f.*, mass

**massi-f**, -ve, massive, bulky.

**mât**, *m.*, mast.

**mat**, -e, dull, dead

**matelot**, *m*, sailor, seaman

**matériel**, -le, material, coarse

**maternel**, -le, maternal; **langue —le**, mother tongue

**mathématicien**, mathematician.

**mathématique**, mathematical.

**mathématiques**, *f. plur.*, mathematics.

**matière**, *f*, material, matter.

**matin**, *m*, morning

**matinée**, *f*, morning.

**mauvais**, -e, bad.

**me**, me, to me.

**mécanisme**, *m*, mechanism

**mèche**, *f.*, wick, fuse.

**médecin**, *m.*, physician.

**méditer**, to meditate, think deeply, plan.

**Méditerranée**, *f*, Mediterranean.

**meilleur**, -e, better; **le —**, the best

**mêler**, to mix

**membre**, *m*, limb.

**même**, same, very, even; **quand —**, even if:

**mémoire**, *f*, memory

**mémorable**, memorable.

**menace**, *f.*, threat.

**menacer**, to threaten, menace.

**ménage**, *m*, china, objects for the table.

**mener**, to lead, carry on, carry out.

**mental**, -e, mental; **aliénation —e**, insanity, madness.

**méphitique**, mephitic, close (*of air*).

**mépriser** (**se**), to despise oneself

**mer**, *f*, sea; **être en —**, to be at sea; **la — étant belle**, as the sea was smooth, **loup de —**, tar.

**merci**, thanks, mercy; **être à la —**, to be at the mercy

**mercredi**, *m.*, Wednesday.

**mériter**, to deserve, merit.

**merlan**, *m*, whiting (*a fish*)

**merveilleu-x**, -se, marvelous

**message**, *m*, message.

**messe**, *f.*, mass (*Roman Catholic service*).

**messieurs**, *m. plur.*, gentlemen.

mesure, *f.*, measurement, measure, **à — que**, in proportion as.

mesurer, to measure, reckon

métal, *m*, metal

métier, *m*, trade, business, profession

mettre, to put, place; **— en liberté**, to set free; **— à profit**, to take advantage

mettre (se), to put oneself to, begin.

meuble, *m*, piece of furniture, furniture.

meure — mourir.

meurtre, *m*, murder.

meurtrière, *f*, loophole.

mi, half, middle.

midi, *m*, noon, midday; **— un quart**, quarter past twelve (*noon*)

mien (le), mienne (la), miens, miennes (les), mine.

mieux, better; **de son —**, as well as he could; **tant —**, so much the better.

milieu, *m*, middle, midst

mille, thousand

millième, thousandth.

millier, *m*, thousand; **un —**, about a thousand

million, *m*, million

mince, thin

mine, *f*, mien, appearance, face, mine; **de basse —**, with a coarse, vulgar face

miner, to undermine

*mineur*, *m*, underground worker, miner.

minute, *f*, minute.

miraculeu-x, -se, miraculous.

mis — mettre.

misanthropie. *f*, misanthropy (*mankind hate*)

misérable, poor, miserable.

mistral, see note 7, page 97.

mit — mettre

mobilier, *m*, furniture.

moderne, modern.

moellon, *m*, ashlar (*stone*).

moi, me, I; **chez —**, to my room.

moi-même, myself.

moindre, less, **le —**, the least.

moins, less; **au —**, at least; **— de**, fewer, less, **à — que**, unless.

mois, *m*, month

moitié, *f*, half; **à —**, half.

molle — mou.

moment, *m*, moment, time.

momentané, -e, temporary, momentary

mon, ma, mes, my.

monarchie, *f*, monarchy.

monde, *m*, world, **tout le —**, everybody.

monnaie, *f*, money

monnayer, to coin.

monseigneur, My Lord.

monsieur, Mr, Sir.

Montaigne, see note 20, page 49.

monter, to enter (*of carriages*), go up, ascend, amount, come to, arise, stand, man (*of boats*), mount.

montre, *f*, watch

montrer, to show.

montrer (se), to show one-self

moquerie, *f*, mockery, jeer, scoff.

moral, -e, moral.

morceau, *m*, piece.

mordre, to bite.

morille, *f.*, morel (*a kind of mushroom*)

morne, mournful.

mort, *f*, death.

mort, -e, dead, dead person

mortel, -le, mortal, fatal.

mot, *m*, word.

motif, *m*, motive, reason.

mou, mol, -le, soft.

mouchoir, *m.*, handkerchief

mouette, *f*, sea gull, gull

mouillage, *m*, anchoring place, port

mouillé, -e, wet

mourant, -e, dying.

mourir, to die; — de faim, to starve to death.

mousqueton, *m.*, musketoon (*short rifle*)

mousse, *f*, moss.

mousseline, *f*, lawn (*a kind of cotton cloth*).

moussu, -e, mossy, full of moss

mouvement, *m*, motion, movement, action, com-motion

moyen, *m*, means, au — de, by means of

muet, -te, silent, mute.

mugissant, -e, roaring.

munir, to provide

mur, *m*, wall

muraille, *f*, wall.

murmurer, to murmur.

mutisme, *m*, dumbness

myrte, *m*, myrtle.

mystérieu-x, -se, mysterious.

# N

nage, *f.*, swimming; se jeter à la —, to leap into the water and swim; à la —, swimming

nager, to row, bathe, swim

nageu-r, -se, swimmer.

naître, to be born; avait fait —, had caused

natte, *f*, matting

nature, *f.*, nature, kind.

naturel, -le, natural

naturellement, naturally, of course.

naufragé, -e, shipwrecked

naufragé, shipwrecked sailor.

naviguer, to sail, navigate.

navire, *m*, vessel, ship.

navré, -e, broken-hearted; le cœur —, his heart broken.

ne, no, not; — . . . pas, no, not; — . . point, no, not not at all; — . . . que, only.

né, -e, born

néant, *m*, naught, nothing-ness, nothing.

nécessaire, necessary.

négligemment, carelessly, negligently.

nerveu-x, -se, nervous.

netteté, *f.*, clearness, neatness.

neuf, nine.

neuf-, -ve, new.

neutre, neuter.

neveu, *m*, nephew.

ni . . . ni, neither . . . nor.

nid, *m.*, nest

noble, noble.

nœud, *m.*, knot, noose.

noie — noyer.

noir, -e, black, dark.

nom, *m.*, name.

nombre, *m.*, number.

nombreu-x, -se, numerous.

note, *f*, note

notre, nos, our.

nourrir, to nourish

nourriture, *f*, food.

nous, we, us, to us.

nouveau, nouvel, -le, new, recent; de —, again, anew; — venu, newcomer

nouvelle, *f.*, news; attendez de mes —s, wait for further instructions from me.

noyer (se), to get drowned

nu, -e, bare, barren, naked; mettre à —, to uncover

nuage, *m.*, cloud.

nuit, *f.*, night; cette —, tonight, last night; la —, at night.

nul, -le, no one, nobody.

*numéro, m.*, number.

*numéroter, to number.*

## O

obéir, to obey.

obéissance, *f.*, obedience.

obéissant, -e, obedient.

objet, *m.*, object.

obliger, to oblige.

obscur, -e, obscure, dark.

obscurité, *f*, darkness, obscurity.

observat-eur, -rice, observer, observant, observing.

observation, *f.*, observation.

obstacle, *m.*, obstacle.

obvier, to obviate.

occasion, *f.*, occasion, chance; à toute —, whenever the occasion arose.

occasionner, to cause.

Occident, *m.*, West, Occident.

occupation, *f.*, occupation.

occuper (s'), to occupy oneself, be busy, mind

odeur, *f*, odor, smell.

odorat, *m*, smell.

œil, *m.*, eye; coup d'—, glance

œuvre, *f.*, work.

officier, *m*, officer.

offrir, to offer, present.

oiseau, *m*, bird.

olivier, *m*, olive tree.

ombre, *f.*, shadow.

on, one, people, they, a person, some one.

oncle, *m*, uncle.

ondulation, *f.*, undulation, waving.

ongle, *m.*, finger nail, claw.

ont — avoir.

opacité, *f.*, thickness (*of the wall*).

opaque, opaque.

opération, *f*, operation.

opérer, to make, operate.

opinion, *f*, opinion.

opposé, -e, opposite.

opulence, *f*, opulence.

or, *m.*, gold

or, now, then.

orage, *m*, storm

ordinaire, ordinary; d'—, usually, ordinarily.

ordonner, to order, command

ordre, *m*, order; homme d'—, orderly man.

oreille, *f*, ear.

orfèvre, *m.*, jeweler, goldsmith.

organisation, *f*, organization (= *mind*).

orgueil, *m*, pride, vanity.

Orient, *m*, Orient, East.

orienter (s'), to discover where one is, find one's bearings.

orifice, *m*, orifice, aperture

os, *m*, bone.

oscillation, *f*, oscillation, motion.

oser, to dare.

ôter, to take away.

où, where, when.

ou, or; — . . . —, either . . . or.

oubli, *m.*, forgetfulness, oblivion

oublier, to forget.

oui, yes.

ourlet, *m.*, hem.

outil, *m*, tool.

outre (en), moreover, besides.

ouvert, -e — ouvrir

ouverture, *f.*, hole, opening, entrance

ouvrage, *m.*, work.

ouvrier, *m.*, workman, worker.

ouvrir, to open, dig

ouvrir (s'), to open oneself, be opened, open for oneself.

## P

paillasse, *f.*, straw mattress.

paille, *f*, straw.

pain, *m*, bread.

palais, *m*, palace.

pâle, pale, ghastly.

pâleur, *f.*, paleness, wanness.

pâlir, to grow pale.

palper, to feel, touch.

pantalon, *m.*, trousers.

Paoli, see note 3, page 115.

pape, *m*, pope.

papier, *m.*, paper.

papyrus, *m*, papyrus.

par, by, through, per, out of, in

paradis, *m*, paradise

paraître, to seem, appear, look

paralyser, to paralyze

paralysie, *f*, paralysis.

parasite, *m*, parasite.

parce que, because.

parchemin, *m* , parchment.

par-dessus, over

pardon, *m* , pardon.

pardonner, to forgive, pardon.

pareil, -le, similar, like, such.

parent, -e, relative.

paresse, *f* , laziness.

parfait, -e, perfect.

parfaitement, perfectly.

parfois, sometimes.

parler, to speak; **entendre —**, to hear, hear about, from.

parmi, among

paroi, *f* , wall, side.

parole, *f* , word.

paroxysme, *m.*, paroxysm, fit.

part, *f* , part, share; **mis à —**, set apart.

partager, to share, divide, partake.

partant, therefore.

particuli-er, -ère, special, particular, peculiar, extraordinary.

partie, *f* , part.

partir, to depart.

partout, everywhere.

parut — **paraître.**

parvenir, to succeed, reach, come to

parvint — **parvenir**

pas, *m* , step; **faire un —**, to take a step; **retourner sur ses —**, to retrace one's steps.

pas, no, not; **ne . . . —**, no, *not.*

*passage*, *m* , passage, way.

passé, *m.*, past.

passer, to pass, pass through; **y a passé**, was used up.

passer (se), to pass, pass away, take place; **— de**, to do without.

paternel, -le, fatherly, paternal

patience, *f* , patience.

patient, -e, patient.

patrie, *f.*, fatherland.

patron, *m* , master, protector, captain (*of a boat*).

patrouille, *f* , patrol.

paupière, *f* , eyelid

pauvre, poor; **— diable**, poor fellow.

pauvreté, *f* , poverty.

pavé, *m* , paving-stone.

pavillon, *m* , flag

payer, to pay.

pays, *m* , country.

paysan, -ne, countryman, peasant.

peau, *m.*, skin

pêcheu-r, -se, fishing, fisherman, fisheries' man.

peindre, to paint, **— à fresque**, to paint in fresco

peine, *f.*, trouble, pain, grief, difficulty, penalty; **ce n'était plus même la —**, it was not even worth while; **ce n'est pas la — d'avoir**, there is no use in having.

peine (à), hardly, scarcely.

peint, -e, painted, decorated.

pencher (se), to lean, lean over.

pendaison, *f*, hanging

pendant, during, for; — que, while.

pendre, to hang.

pendre (se), to hang oneself.

pendule, *f.*, clock.

pénétrant, -e, sharp, keen.

pénétrer, to penetrate, enter.

pénible, painful, hard.

pensée, *f*, thought.

penser, to think.

pente, *f*, declivity, slope.

percer, to cut, pierce, cut through, come through

perdre, to lose

perdre (se), to be lost, die away (*of noises*); qu'ils se perdaient, that they were going to be wrecked.

père, *m*, father; de — en fils, from father to son.

perle, *f.*, pearl.

permettre, to permit.

permis — permettre

perpétuel, -le, perpetual

persécuter, to persecute

persévérance, *f*, perseverance

persévérant, -e, persevering, industrious, steady

persister, to persist

personnage, *m*, person, personage

personne, *f*, anybody, person, nobody

personnel, -le, personal

pesant, -e, heavy

pesanteur, *f*, heaviness

peser, to weigh, bear upon.

petit, -e, little, small, — à —, little by little.

pétrifier, to petrify.

peu, *m*, little; — à —, little by little.

peupler, to people, populate.

peur, *f*, fear, il se faisait —, he was frightened (*by the sound of his own voice*); avoir —, to be afraid; de —, for fear.

peut, *pres. of* pouvoir.

peut-être, perhaps, may be.

phare, *m*, lighthouse.

philosophe, *m*, philosopher.

philosophie, *f.*, philosophy.

philosophique, philosophical.

phrase, *f.*, sentence, phrase

phrygien, -ne, Phrygian, see note 12, page 107.

physique, *f*, physics.

physique, physical.

pic, *m.*, peak; à —, perpendicular.

pied, *m*, foot, leg (*of furniture*), reprendre —, to set one's foot, land, coup de —, kick, mettre le —, to set foot

pierre, *f*, stone; — de taille, freestone

pierrerie, *f*, precious stone

pilote, *m*, pilot

pince, *f*, pincers

pinceau, *m*, small paint brush

pioche, *f*, pickax.

pionnier, *m.*, pioneer.

piquer, to prick.

pirate, *m* , pirate.
pis-aller, *m* , worst.
pitié, *f* , pity
pitoyable, pitiful.
place, *f.*, place, spot, posi-
    tion; avait pris —, had
    been placed, à la — de,
    instead of
placer, to invest, put, place
placer (se), to place one-
    self, stand.
plaignit (se) — plaindre (se)
plaindre, to pity.
plaindre (se), to complain.
plaine, *f* , plain
plaint — plaindre.
plainte, *f* , moan, moaning,
    groaning.
plainti-f, -ve, moanful, plain-
    tive.
plaisanterie, *f* , joke
plaisir, *m* , pleasure.
plan, *m* , plan
plan, -e, smooth
planche, *f* , plank, board,
    faire la —, to float (*of*
    *swimmers*).
plancher, *m* , floor
planter, to plant, stick.
plaque, *f.*, plate.
plâtre, *m.*, plaster.
plein, -e, full
pleurer, to weep, cry.
pli, *m.*, fold
plier, to bend, fold
plomb, *m* , shot.
plonger, to look down, dive
*plongeur, m , diver.*
*pluie, f., rain.*

plume, *f* , pen.
plus, more, ne  . . —, no
    more, no longer; — de,
    no more; tout au —, at
    the most; de — en —,
    more and more.
plusieurs, several, many.
Plutarque,    Plutarch,    see
    note 20, page 49.
plutôt, rather
poésie, *f* , poesy.
poétique, poetical.
poids, *m* , weight.
poignard, *m* , dagger.
poignée, *f* , handful; à —,
    by the handful
point, *m.*, point; en tout —,
    in every respect
point, no, not; ne  . . —,
    no, not, not at all.
pointe, *f* , point
poisson, *m.*, fish.
poitrine, *f* , chest, breast.
poli, -e, polished.
politique, political.
Pommègue, see note 1, page
    101
pont, *m* , deck
port, *m.*, port, harbor.
porte, *f* , door, gate.
porte-clefs, *m* , turnkey
portée, *f* , reach (*of the mind*),
    capacity; à — de, within
    reach of; à — de fusil,
    within gunshot.
porte-muraille, *f* , door wall
    (*penetrable wall*)
porter, to carry, take, bear,
    stand.

**porteur**, *m.*, carrier, porter, bearer.

**portière**, *f.*, carriage door.

**portion**, *f.*, part, portion

**poser**, to place, put.

**posséder**, to possess, own

**possesseur**, *m.*, owner.

**possession**, *f*, possession.

**possibilité**, *f*, possibility.

**possible**, possible.

**poste**, *m*, duty, post.

**pouce**, *f.*, inch.

**poudre**, *f*, gunpowder; **corne à —**, powderhorn, powder-flask.

**poulie**, *f*, pulley.

**poupe**, *f.*, poop, stern

**pour**, for, to.

**pourquoi**, why, what for

**pourrais — pouvoir.**

**poursuite**, *f*, pursuit.

**poursuivre**, to pursue, go on

**pousser**, to push, carry, form, push up, utter, grow; — **un soupir**, to heave a sigh; — **un cri**, to utter a cry.

**poussière**, *f*, dust.

**poutre**, *f*, beam, joist.

**pouvoir**, can, may, to be able.

**pratiquer**, to make, contrive.

**précaution**, *f*, precaution.

**précédent, -e**, preceding

**précéder**, to precede.

**précieu-x, -se**, precious.

**précipice**, *m*, precipice.

**précipitamment**, precipitately

**précipité, -e**, fast, precipitated.

**précipiter**, to hurry, hasten

**précipiter (se)**, to rush, throw

oneself, go down; — **à genoux**, to fall on one's knees

**précis, -e**, precise.

**prédécesseur**, *m*, predecessor.

**prédire**, to foretell, predict.

**préférer**, to prefer.

**premi-er, -ère**, first.

**prendre**, to take, catch.

**préparatif**, *m.*, preparation.

**préparation**, *f.*, preparation.

**préparer**, to prepare.

**près**, near, near to; **à peu —**, almost, nearly, about; **tout —**, very near.

**présage**, *m.*, presage, foreboding

**présager**, to suppose, conjecture.

**présence**, *f.*, presence; — **d'esprit**, presence of mind.

**présent**, *m*, present, gift.

**présent, -e**, present, **à —**, at present, now.

**présenter**, to present.

**présenter (se)**, to present oneself

**presque**, almost

**pressé, -e**, urgent, in haste, in a hurry.

**presser**, to press.

**pression**, *f*, pressure.

**prêt, -e**, ready.

**prétendre**, to maintain, pretend

**prétendu, -e**, sham, pretended, feigned

**prêter**, to lend, loan

**prêter (se)**, to lend oneself.

prétexte, *m* , pretext; **sous** —, under the pretext

prêtre, *m* , priest

preuve, *f* , proof, **vous avez fait vos —s et je ferai les miennes,** you have proved you have them (*courage and patience*), I shall prove I have them also

prévenir, to inform, warn

prévoir, to foresee, expect.

prier, to pray, beg, **ne se firent pas trop —,** did not allow themselves to be requested, asked too much

prière, *f* , prayer

prime, *f* , bounty, premium

primiti-f, -ve, original.

prince, *m* , prince

principicule, little principality.

pris, -e, *past part of* prendre.

prison, *f.*, prison

prisonnier, *m* , prisoner.

prit — prendre

priver, to deprive.

prix, *m.*, price.

probabilité, *f* , probability.

probablement, probably.

procéder, to proceed.

prochain, -e, near.

proche, near.

procurer, to procure, afford

procurer (se), to procure, get

prodigieu-x, -se, prodigious

*produit, m* , product

*profession, f.*, profession.

profit, *m.*, profit; **mettre à** —, take advantage.

profiter, to take advantage, profit

profond, -e, profound, deep.

profondément, profoundly, deeply.

profondeur, *f* , depth.

prohiber, to prohibit, forbid.

proie, *f* , prey.

projet, *m* , project.

promenade, *f.*, walk, promenade.

promener (se), to walk, promenade.

promesse, *f* , promise.

promettre, to promise.

promettre (se), to promise to oneself.

promis, -e, promised; **terre —e,** promised land.

prononcer, to pronounce, utter

proportion, *f* , proportion.

proposer, to propose.

proposition, *f.*, proposition, proposal.

propre, own

propriétaire, *m.*, owner, possessor.

propriété, *f.*, ownership, property.

prospérité, *f* , prosperity.

protestation, *f* , declaration (*of friendship*).

proue, *f.*, stem, prow.

prouver, to prove, show

provençal, -e, see note 6, page 53.

proverbial, -e, proverbial.
Providence, *f*, Providence.
provision, *f.*, provision
prudence, *f*, prudence.
prudent, -e, prudent, cautious.
pu — pouvoir.
publi-c, -que, public; bruit —, public opinion.
puis — peux.
puis, then.
puiser, to draw (*of water*).
puisque, since, inasmuch as.
puissance, *f*, might
puissant, -e, powerful.
pulsation, *f*, pulsation, beating
pulvériser, to pulverize.
punition, *f*, punishment.
pur, -e, pure
put — pouvoir.

### Q

quai, *m.*, quay, wharf.
qualité, *f*, quality; en sa — de, as.
quand, when; — même, even if.
quant à, as to.
quarante, forty.
quart, *m*, quarter, fourth; — d'heure, quarter of an hour.
quatre, four.
quatre-vingts, eighty.
quatrième, fourth.
que, that, whom, which, how much, how many

quel, -le, quels, quelles, what, which, who
quelconque, of any kind, whatever.
quelque, -s, some, few.
quelquefois, sometimes
quelqu'un, some one, somebody.
question, *f.*, question.
questionner, to question.
qui, who, which, whom, that.
quinzaine, *f.*, about fifteen
quinze, fifteen; — jours, a fortnight
quitte, quits.
quitter, to leave.
quoi, which, what; de —, enough.
quoique, although.

### R

rafale, *f.*, squall.
raide, stiff
raidi, -e, stiff, standing on end (*of the hair*).
raidir (se), to become stiff, rigid, keep oneself stiff, stiffen oneself.
raison, *f.*, reason, mind; avoir —, to be right.
raisonnable, reasonable.
raisonné, -e, supported by reasoning and by proof
raisonnement, *m.*, reasoning, argument.
rajuster, to readjust, put together
ramasser, to pick up, gather.

ramener, to bring back.

rameur, *m.*, oarsman, rower.

ramper, to crawl, creep.

rang, *m* , row, rank, social standing

ranger, to arrange.

ranimer, to revive.

rapide, rapid, swift, steep

rapidement, rapidly, swiftly.

rapidité, *f* , speed, rapidity.

rappeler (se), to remember

rapport, *m* , report, **mise en** —, in close contact

rapporter, to bring, bring back.

rapproché, -e, near.

rapprocher, to bring nearer, get together, bring together

rapprocher (se), to come near.

rare, scarce, rare,

rarement, rarely, seldom.

ras, *m.*, level; **au — de**, level with

raser, to skim over, graze.

rasoir, *m* , razor

rassembler, to gather.

rasseoir, to calm

rassurer, to reassure.

rassurer (se), to be reassured

ration, *f* , ration

Ratonneau, see note 1, page 101.

raviser (se), to change one's mind

raviver, to revive.

*rayé*, -e, striped

*rayon*, *m.*, ray.

rayonner, to beam.

réaliser, to carry out, **realize**, convert into money.

réalité, *f* , reality.

rebelle, rebellious.

rebondi, -e, round.

reboucher, to cover again, (*of a hole*) fill again.

recevoir, to receive

réchauffer (se), to get warm again

recherche, *f* , research.

rechercher, to look for.

récipient, *m.*, receptacle.

réciter, to recite.

recommander, to recommend, request.

recommencer, to begin again.

récompenser, to reward, recompense.

reconduire, to take back, carry back.

reconnaissance, *f.*, gratitude.

reconnaître, to find out, recognize

reconnaître (se), to acknowledge oneself; **ne leur donnait pas le temps de** —, would not give them the time to collect themselves

reconnu — **reconnaître**

reconquérir, to regain, reconquer

reconstruire, to build again.

recoucher (se), to go to bed again, lie down again.

recoudre, to sew again.

recousais — **recoudre**.

recouvrir, to cover, cover again.

rectitude, *f*, straightness, rectitude

recueillir, to pick up.

reculé, -e, remote.

reculer, to put off, move back, postpone, avoid, get away, shrink, recoil

reculer (se), to fall back, recoil.

redescendre, to go down again, come down again

redevenir, to become again

redire, to say again, tell again.

redoubler, to double, double again

redoutable, redoubtable, fearful.

redresser, to straighten, straighten up again

redresser (se), to stand erect again.

réduire, to reduce

réellement, really

refaire, to do again, make again

refermer, to close again.

refermer (se), to close oneself again, be closed again.

réfléchir, to reflect, think over, think

reflet, *m.*, light, reflection, glitter.

réflexion, *f*, reflection, idea

refroidir (se), to grow cold

réfugier (se), to take refuge

refuser, to refuse.

regagner, to reach again, regain.

regard, *m*, look, glance, expression, eyes.

regarder, to look, look at, concern.

régie, *f.*, administration of the taxes.

règle, *f*, rule.

règlement, *m*, regulation.

regret, *m*, regret.

regretter, to regret.

régularité, *f*, regularity.

réguli-er, -ère, regular.

rehaussé, -e, enriched, set off.

reins, *m plur.*, loins, back; il a les — cassés, his back is broken.

rejeter, to throw back, throw again

rejeter (se), to throw oneself.

rejoindre, to meet, go to, join, catch up.

réjouir, to amuse, make joyful

relâche, *f*, relaxation.

relâcher, to put into port, call, put up

relever, to raise.

relever (se), to get up again, rise again.

relique, *f*, relic

relire, to read again

remarquable, remarkable.

remarquer, to notice

rembourser, to repay, reimburse

remède, *m.*, remedy.

remercier, to thank.

remettre, to hand, give, put.

remettre (se), to begin again, put oneself again; — en route, to start again.

remonter, to go up again, come up again

remords, *m.*, remorse.

remplir, to fill.

remuer, to move.

rencontre, *f.*, meeting; il s'avança à sa —, he advanced towards him or her.

rencontrer, to, encounter, find

rencontrer (se), to be found, to be

rendre, to render, make, give back, return.

rendre (se), to go; — compte, to realize; — à, to comply with.

renfermer, to comprehend, include, contain, amount to.

renoncer, to give up, renounce.

renouer, to resume, renew.

renouveler, to renew.

rente, *f*, income, — viagère, life annuity.

rentrer, to come back, enter again, come again, go back

renverser, to pull down, knock down.

*reparaître,* to come up again, appear again.

réparation, *f.*, repair.

reparler, to speak again.

repartir, to start again

répartition, *f*, distribution.

repas, *m.*, meal.

repasser, to think over again, go over, pass again.

répéter, to repeat.

replacer, to place again, put again.

replonger, to dive again, plunge again.

répondre, to answer; je t'en réponds, I assure you, I answer for it.

repos, *m*, rest, repose.

reposer, to place again, put down again

reposer (se), to rest.

repousser, to push back, push again.

reprendre, to answer, begin again, resume, take back, get again, retrace (*of one's way*), recover, pick up again, seize again.

reprendre (se), to take an interest again, realize.

reprit — reprendre.

reprocher, to upbraid, reproach.

reprocher (se), to reproach oneself.

répugner, to be repugnant, feel repugnance at.

réputation, *f*, reputation.

réserver, to reserve.

résignation, *f.*, resignation.

résigné, -e, resigned.

résigner (se), to be resigned

résineu-x, -se, resinous

résistance, *f*, resistance; faire —, to resist

résolu — résoudre.

résolution, *f.*, resolution

résonner, to resound, ring

résoudre, to decide, resolve.

respect, *m.*, respect

respecter, to respect.

respiration, *f.*, breathing, respiration.

respirer, to breathe.

resplendir, to be resplendent, shine

ressaisir, to grasp again, seize again.

ressentir, to feel.

ressort, *m.*, spring, energy, force.

ressource, *f.*, resource.

reste, *m*, rest, remainder, au —, moreover, besides, however

rester, to remain; d'en — là, to stop there.

résultat, *m.*, result

résulter, to result, come out

résumé, *m.*, summary, resume.

retard, *m*, delay.

retarder, to delay, put off, postpone

retenir, to remember, hold back, refrain, keep, hold

retenir (se), to refrain, control oneself

retentir, to resound, ring.

retentissant, -e, ringing, resounding.

retentissement, *m.*, sound.

retiens — retenir

retirer, to take out, draw back.

retirer (se), to withdraw, go away.

retomber, to fall again, fall back

retour, *m*, return; à leur —, on their return.

retourner, to turn over, go back, return, — sur ses pas, to retrace one's steps.

retourner (se), to turn around, turn back.

rétrécir (se), to become narrow.

retrouver, to find again.

retrouver (se), to find oneself again, be again

réunir (se), to meet, gather.

réussir, to succeed

rêve, *m*, dream.

réveiller (se), to awake, rise; se réveilla en sursaut, was started up out of his sleep.

révélation, *f*, revelation.

révéler, to reveal

revenir, to come back, return, reconsider, come again, regain consciousness, amount, result; — sur, to reconsider.

revenu, *m*, income.

rêver, to dream.

rêverie, *f.*, reverie, musing.

revers, *m.*, reverse.

revêtir, to don, put on (*of clothing*).

reviendrai — revenir.

revint — revenir.

revoir, to see again.

révolter (se), to revolt, rebel.

rhum, *m*, Jamaica rum, rum.

riche, rich, wealthy.

richesse, *f.*, wealth, riches.

ride, *f.*, wrinkle.

rien, nothing, anything; il n'en sera —, it will not be so.

rigide, rigid, strict.

rigoureu-x, -se, rigorous.

rigueur, *f*, rigor, harshness; la — du sort, the sternness of fate.

rire, *m*, laughter; ils éclatèrent de —, they burst out laughing.

risque, *m.*, risk, chance; au — de, at the risk of.

risquer, to risk, venture, endanger.

rivage, *m.*, shore.

roc, *m*, rock.

roche, *f*, rock.

rocher, *m*, rock; de — en —, from rock to rock.

roidi, -e, stiff, standing on end (*of the hair*).

roidir (se), to grow stiff.

rôle, *m.*, part, rôle.

Romagne, see note 9, page 73.

Romain, -e, Roman

*romaïque,* modern Greek.

*Rome, f., Rome.*

rompre (se), to be broken.

rond, -e, round

ronde, *f*, round, patrol; chemin de —, patrol way, round.

rosé, -e, pink.

roseau, *m.*, reed.

Rospigliosi, see note 8, page 74.

rouge, red; s'injecter de —, to become bloodshot (*of eyes*).

rougeâtre, reddish.

rougeur, *f.*, blush.

rougir, to blush.

rouille, *f.*, rust.

rouleau, *m.*, roll.

rouler, to roll, roll down.

rouler (se), to roll over and over again, roll oneself.

route, *f*, road, way; en —, let us go; se remettre en —, to start again, est resté en —, remained on the way, did not get out to sea.

rouvrir, to open again

rouvrir (se), to be opened again.

rou-x, -sse, reddish, tawny

royaume, *m*, kingdom.

royauté, *f.*, royalty.

rubi, *m*, ruby.

rude, rude, rough.

rue, *f.*, street.

rugir, to roar.

ruisseau, *m.*, stream, brook.

ruisselant, -e, streaming.

rupture, *f*, breaking.

ruse, *f.*, trick, ruse, wile.

rutilant, -e, rutilant

## S

sable, *m.*, sand.

sabre, *m.*, sword, saber.

sac, *m* , sack

saccadé, -e, jerky

sage, good.

sagesse, *f* , wisdom

saillie, *f* , putting out; faisait —, projected.

sain, -e, healthy

Sainteté, *f.*, Holiness; sa —, His Holiness (*the Pope*).

Saint-Père, *m* , the Holy Father (*the Pope*)

Saint-Pierre-ès-Liens, see note 1, page 75.

Saint-Siège, *m* , the Holy See.

sais — savoir

saisir, to seize, grasp, take hold of.

salle, *f* , room.

salpêtre, *m.*, saltpetre.

samedi, *m* , Saturday.

sang, *m.*, blood

sanglant, -e, bloody.

sanglot, *m* , sob

sans, without, — que, without.

satisfaction, *f* , satisfaction.

sauter, to jump, leap

sauvage, wild, savage.

sauver, to save.

sauver (se), to escape.

sauveur, *m* , deliverer, saver

savant, -e, clever, learned, scholar.

savoir, to know, be able, know how, can, je ne saurais, I could not do it.

savourer, to relish, savor.

sceller, to make fast.

science, *f.*, science

scinder, to divide.

scintillant, -e, sparkling, scintillant.

scrupule, *m* , scruple.

se, himself, herself, itself, oneself, themselves.

seau, *m* , bucket

sécher (se), to dry up.

sécheresse, *f* , dryness.

second, -e, second.

seconde, *f* , second.

secouer, to shake

secours, *m* , help, succor, au — ! help !

secousse, *f* , jerk, shaking, trembling.

secret, *m.*, secret.

secr-et, -ète, secret.

secrétaire, *m* , secretary.

sécurité, *f.*, safety.

seigneur, *m* , lord.

sein, *m.*, bosom.

séjour, *m.*, abode, sojourn, stay.

selon, according, according to.

semaine, *f.*, week.

semblable, *m* , fellow-man.

semblable, similar, like.

semblant, *m.*, appearance; faire —, to pretend.

sembler, to seem

semence, *f* , seed

semer, to scatter.

sens, *m.*, sense, direction, meaning; — suspendu, incomplete meaning; dans le — de la longueur, lengthwise.

sensation, *f*, sensation.

sensible, audible.

sentiment, *m*, sentiment.

sentinelle, *f.*, sentry, sentinel.

sentir, to feel, realize.

sentir (se), to feel oneself.

séparer, to separate.

séparer (se), to part, be separated.

sept, seven.

sépulcral, -e, sepulchral, of the grave.

serais, serez — être.

sérieu-x, -se, serious.

serment, *m.*, oath, promise; faire —, to promise, take the oath.

serpent, *m*, snake, serpent.

serrer, to press, hold, — le cœur, to make one's heart heavy.

serrure, *f*, lock.

service, *m*, duty (*of soldiers*), service.

servir, to serve, be of use.

servir (se), to use, help oneself.

serviteur, *m.*, servant.

Sésame, see note 27, page 124.

seuil, *m.*, threshold, sill.

seul, -e, alone, single, sole

*seulement*, only.

*si*, if, yes, so.

siècle, *m.*, century.

siège, *m.*, seat.

sifflant, -e, hissing, whistling, wheezing.

signal, *m.*, signal.

signe, *m*, sign.

signet, *m.*, bookmark.

silence, *m.*, silence; —! hush!

silencieu-x, -se, silent.

simple, simple.

sincérité, *f.*, sincerity.

singuli-er, -ère, singular, peculiar.

sinistre, sinister.

sinon, if not

Sisyphe, see note 18, page 127.

situation, *f.*, position, situation, condition; dans cette —, in those conditions.

situé, -e, situated, lying.

six, six

sixième, sixth.

social, -e, social

société, *f*, society, company.

soi, oneself; chez —, to one's room.

soif, *f.*, thirst; avoir —, to be thirsty.

soigner, to nurse, care for.

soigneusement, carefully.

soi-même, oneself.

soin, *m*, care

soir, *m*, evening; ce —, tonight, this evening, le —, at night, in the evening; le lendemain —, the following evening.

soit — être.

**soit**, either; — . . . —, either . . . or.
**soixante**, sixty
**soixante -douze**, seventy-two.
**sol**, *m* , ground, soil.
**soldat**, *m* , soldier.
**solde**, *f* , salary, pay.
**solennité**, *f.*, solemnity, ceremony
**solide**, strong, solid
**solidement**, strongly, solidly
**solidité**, *f.*, solidity, strength
**solitude**, *f* , solitude.
**solive**, *f* , joist
**solliciter**, to ask
**solution**, *f* , solution.
**sombre**, dark, somber.
**sommeil**, *m* , sleep.
**sommelier**, *m* , butler.
**sommet**, *m.*, top, summit.
**son**, *m* , sound, noise
**son**, **sa**, **ses**, his, her, its.
**sonder**, to scrutinize, fathom, search.
**songer**, to think.
**sonner**, to strike (*of the hour*), ring a bell
**sonorité**, *f* , sonorousness.
**sort**, *m.*, fate
**sorte**, *f* , kind, sort; **de —que**, so that
**sortir**, to go out, bring out, come out.
**sou**, *m* , penny, cent
**souche**, *f* , bottom, base.
**souder**, to solder, weld.
**souffert — souffrir.**
**souffrance**, *f* , suffering
**souffrir**, to suffer, permit.

**soufre**, *m.*, sulphur.
**souhaiter**, to wish
**soulagement**, *m.*, relief.
**soulager**, to relieve, alleviate.
**soulever**, to raise, lift.
**soulever (se)**, to rise, raise oneself, come off.
**soulier**, *m* , shoe.
**soumettre**, to submit.
**soupçon**, *m* , suspicion.
**soupçonner**, to suspect.
**soupçonneu-x, -se**, inclined to suspect others, suspicious.
**soupe**, *f* , soup.
**souper**, *m* , supper.
**soupir**, *m.*, sigh, **pousser un —**, to heave a sigh.
**soupirail**, *m.*, small grated window, air hole.
**soupirer**, to sigh
**souple**, supple, flexible.
**source**, *f.*, spring.
**sourcil**, *m* , eyebrow.
**sourd, -e**, dull, deaf.
**sourdement**, dully.
**souriant, -e**, smiling.
**sourire**, to smile.
**sourire**, *m.*, smile.
**sous**, under
**soutenir**, to strengthen, support, stand
**soutenir (se)**, to keep oneself up.
**soutenu, -e**, continued, constant.
**souterrain**, *m.*, subterraneous place, underground
**souterrain, -e**, subterranean, underground.

souvenir, *m.*, recollection, remembrance, souvenir.
souvenir (se), to remember.
souvent, often.
soyez — être.
spectacle, *m* , spectacle
spectre, *m.*, specter
spéculat-eur, -rice, speculator.
spéculation, *f.*, speculation.
sphinx, *m.*, sphinx.
Spinosa, see note 20, page
49.
stérile, unprofitable.
su — savoir.
suant, -e, sweating, very
damp.
subalterne, subordinate, sub-
altern, inferior
subir, to undergo.
subit, -e, sudden
substantiel, -le, substantial.
substituer, to substitute.
substitution, *f* , substitution
succéder, to follow, succeed
succès, *m.*, success.
successivement, successively,
in succession.
succomber, to succumb
sud, *m* , South
sud-est, Southeast
sueur, *f* , sweat, perspiration.
suffire, to suffice, be sufficient
suffisant, -e, sufficient.
suffoquer, to suffocate, choke.
suicide, *m.*, suicide.
suie, *f* , soot
*suite, f, continuation, con-
nection;* **tout de** —, at

once; **à la** — **de, after,**
as a consequence of.
suivre, to follow.
sujet, *m.*, subject, topic.
superficiel, -le, superficial, outside.
supérieur, -e, upper, above
supériorité, *f.*, superiority
superstitieu-x, -se, supersti-
tious.
supplice, *m* , execution.
supplier, to beseech.
support, *m* , prop, support.
supportable, bearable, supportable.
supporter, to bear, stand.
supposer, to suppose.
supposition, *f* , supposition.
suprême, supreme.
sur, on, upon.
sûr, -e, sure, certain, safe;
**à coup** —, surely.
surface, *f* , surface
surgir, to spring up.
surhumain, -e, superhuman.
surlendemain, *m* , the third
day.
surmonter, to ride (*of waves*).
surnaturel, -le, supernatural.
surplomber, to hang over,
overhang.
surprendre, to surprise, catch.
surprise, *f.*, surprise.
sursaut, *m* , start; **en** —,
with a start, **se réveilla
en** —, was started up out
of his sleep.
surtout, above all, specially.
survécut — survivre.

surveillant, *m.*, overseer, warden

surveiller, to watch.

survenir, to come unexpectedly

survivre, to survive.

suspect, -e, suspected, suspicious

suspendre, to suspend, hang, delay, **sens suspendu**, incomplete meaning.

symbolique, symbolic

symptôme, *m* , symptom.

Syracuse, see note 20, page 110.

# T

tabac, *m* , tobacco.

table, *f* , table

tâche, *f* , task, work.

tache, *f* , spot

tacher, to stain

tâcher, to try, endeavor.

Tacite, **Tacitus**, see note 20, page 49

tact, *m.*, feeling, touch, tact

taille, *f* , cut, size; **pierre de** —, freestone, building stone.

tailler, to cut, sharpen

taire (se), to remain silent, **taisez-vous**, do not talk that way

tambour, *m.*, vault (*of a stairway*).

tandis que, while, whereas.

tant, so much, so many; — **que**, as long as; — **il y a que**, at all events.

tantôt, now, almost; — ... —, now . . . then

tapis, *m.*, rug, carpet.

tapisser, to cover, deck.

tard, late, **trop** —, too late

tarder, to belong, delay

tartane, see note 14, page 106.

tasse, *f.*, cup.

tâtonner, to grope, feel one's way

tâtons (à), by feeling (*with the hands*), groping

taverne, *f* , tavern

taxer, to tax, accuse.

te, thee, to thee.

teinte, *f* , shade, tint.

tel, -le, such.

tellement, so, so much

témérité, *f.*, recklessness

tempête, *f* , storm, tempest; **la — était déchaînée**, the storm had burst out.

tempêtueu-x, -se, stormy, tempestuous

temps, *m* , time, weather; **combien de** —, how long; **du — que**, when; **de — en** —, from time to time; **en même** —, at the same time, **il est bien** —, it is time; **à** —, on time.

tenace, tenacious

tendre, to extend

ténèbres, *f plur* , darkness.

tenez, see here, listen.

tenir, to hold, **y** —, to stand it, **quitte à — ce que l'on peut**, quit with keeping to as much as one can.

tenir (se), to stand; — debout, to stand up.

tenon, *m* , bolt, tenon, clasp

tentative, *f* , attempt

tenter, to attempt, try.

terme, *m*., expression, word.

terminer, to terminate, end.

ternir (se), to grow dim, lifeless

terrain, *m* , ground.

terrasser, to overcome, knock down.

terre, *f*., ground, earth, dirt, land; à —, on the ground, on the floor, on shore, — promise, promised land, — ferme, terra firma, solid ground

terreur, *f*., terror.

terrible, terrible.

testament, *m*., will.

tête, *f*., head, mind; la —, vous tourne, you are getting crazy.

Thucydide, Thucydides, see note 20, page 49.

Tiboulen, see note 1, page 101.

tiers, *m*., third.

tiraillement, *m*., pulling; — d'estomac, gnawing at the stomach (*indicating hunger*)

tirer, to take out, draw, pull

tissu, *m*., cloth.

titanique, enormous, gigantic.

Tite-Live, Livy, see note 20, page 49.

*titre, m , title, deed.*

*toile, f., linen, cloth.*

tombe, *f* , tomb, grave.

tomber, to fall, fall off; — du haut, to come down; laisser —, to drop, rest (*of the head*).

ton, *m* , tone.

tonnerre, *m* , thunder; coup de —, clap of thunder.

torche, *f*., torch.

tordre, to twist.

tort, *m*., wrong; avoir —, to be wrong

toscan, -e, of Tuscany, see note 22, page 11.

totalité, *f*., whole, totality.

toucher, to touch, reach, move.

touffe, *f*., cluster, clump.

toujours, always, ever, anyhow, pour —, forever.

tour, *m*., turn; fit quelques —s, walked around a few times; à son —, in his turn; — à —, in turn; à mon —, in my turn; faire le —, to go around.

tourbillonner, to whirl.

tourner, to turn, revolve, walk in a circle, la tête vous —, you are getting crazy.

tournevis (*s pronounced*), *m*., screw-driver.

tournoyer, to whirl.

tout, -e, *adj*. (tous, toutes), all, whole, the whole of, every, any

tout, *n. m* , all, the whole, everything.

tout, *adv.*, quite, — en (followed by pres. part ), while.

tout à coup, all of a sudden.

tout à fait, quite, entirely.

trace, *f.*, trace, track.

tracer, to draw, trace.

trahir, to betray.

train, *m.*, way of living.

traîner, to drag, draw.

traîner (se), to drag oneself.

trait, *m.*, trait; —s, features

traité, *m.*, treatise

traiter (se), to be transacted, be treated.

traître, *m.*, traitor

trajet, *m.*, journey.

tramer, to weave.

tranchant, -e, sharp, cutting.

trancher, to cut

tranquille, quiet, tranquil, soyez —, do not worry, be easy.

tranquilliser (se), to be tranquilized, be easy.

tranquillité, *f*, tranquillity.

transmettre, to transmit.

transmit — transmettre.

transport, *m.*, transportation.

transporter, to carry, transport

traquer, to pursue.

travail, *m* , work.

travailler, to work.

travailleur, *m* , worker.

travers (à), through.

traversée, *f.*, sea trip, crossing.

traverser, to traverse, go through.

tremblement, *m.*, trembling, shivering.

trembler, to tremble.

tremper, to drench, soak.

trente, thirty.

trépassé, -e, dead person.

trésor, *m.*, treasure.

tressaillir, to give a start, tremble.

tribord, *m.*, starboard; à —, to the starboard.

triste, sad.

tristement, sadly.

trois, three.

troisième, third.

tromper (se), to be mistaken, make a mistake.

trône, *m* , throne.

tronquer, to mangle, truncate.

trop, too much, too, too many

trou, *m.*, hole

trouver, to find, think, find out, discover

trouver (se), to find oneself, be, be found.

tu, thou

tuer, to kill.

tur-c, -que, Turkish.

tyrannique, tyrannical.

## U

un, -e, one, a, an

uni, -e, smooth, even.

unique, only.

uniquement, only, above the rest, solely.

univers, *m*, world, universe

universel, -le, universal; **légataire —**, residuary legatee

usage, *f*, use.

usé, -e, worn out.

user, to wear out, use up.

utile, useful.

utilité, *f*, usefulness, utility.

# V

va — aller.

vacillant, -e, flickering (*of light*), shaky, wavering

vaciller, to tremble, shake

vagabond, *m.*, vagabond, vagrant.

vague, vague.

vague, *f.*, wave.

vaincre, to conquer, vanquish.

vainement, vainly, in vain.

vais, *pres. of* aller

valeur, *f*, meaning, value, worth.

valoir, to be worth; **un homme vaut un homme**, a man is as good as another man.

vapeur, *f*, vapor, steam.

vécu — vivre

végétal, -e, vegetable.

veille, *f*, night before, eve, day before

veiller, to be awake, watch, watch over.

*veilles, f. plur.*, night work, *night studies.*

vendre, to sell, **betray.**

vendredi, *m*, Friday.

véneéneu-x, -se, poisonous.

vénération, *f*, veneration.

vengeance, *f*, revenge, vengeance

venir, to come; **— de,** to have just; **en —,** to come to, **à —,** future.

vent, *m*, wind.

vente, *f.*, sale.

venu, -e, come; **nouveau —,** newcomer.

venue, *f*, coming; **allées et —s,** going and coming

vergue, *f*, yard (*of boats*).

véritable, real, true.

véritablement, really.

vérité, *f*, truth.

verre, *m*, glass.

verrez — voir.

verrou, *m*, bolt

vers, towards, about.

verser, to pour, shed.

vertige, *m*, vertigo, dizziness, excitement; **comme s'il avait le —,** as if he were dizzy

vêtement, *m.*, clothing; **— complet,** a suit of clothes.

vêtu, -e, clothed, clad.

veuille — vouloir.

veut, veux — vouloir

viag-er, -ère, for life; **rente —ère,** life annuity.

viande, *f*, meat.

vicié, -e, foul (*of air*).

vide, *m.*, space, emptiness, blank (*of the mind*).

vide, empty.

vie, *f.*, life, living, livelihood

vieillard, *m.*, old man.

Vieille-Castille, see note 23, page 11.

Vierge (la), *f*, the Virgin Mary.

vieux, vieil, -le, old.

vi-f, -ve, fiery, sharp; — ve chaleur, burning heat.

vigne, *f*, vineyard

vigoureusement, vigorously, strongly.

vigoureu-x, -se, vigorous, energetic

vigueur, *f*, vigor, strength

vil, -e, common, vile.

ville, *f*, city

vin, *m*, wine.

Vincennes, see note 1, page 48.

vingt, twenty

vingtaine, *f*, score.

vingtième, twentieth.

vint — venir

violence, *f*, violence.

violent, -e, violent, sharp

violet, -te, purple, violet.

virer, to turn; — de bord, to tack about.

vis (s *pronounced*), *f*, screw.

visage, *m*, face, visage.

visible, visible

visite, *f*, visit, round, call.

visiter, to visit.

visiteu-r, -se, visitor.

vit, *pret of* voir.

vite, quickly.

vitesse, *f*, speed, rapidity.

vitre, *f*, window pane.

vivant, -e, living, modern (*of languages*), living person.

vivement, quickly.

vivre, to live.

vivres, *f. plur.*, food, provisions.

vocabulaire, *m.*, vocabulary

vœu, *m.*, vow.

voici, here, here is, are, le —, here he is.

voilà, there is, are, behold; — tout, that is all, me —, here I am; le —, here he is.

voile, *f*, sail; — latine, triangular sail, lit., Latin sail, mettre à la —, to sail away; sous toutes —s, with full sails.

voilé, -e, veiled, lumière —, dim light.

voir, to see, meet.

voisin, -e, near, contiguous, neighbor.

voiture, *f*, carriage

voix, *f.*, voice, enfant sa —, speaking aloud

vol, *m*, flight; prendre son —, to start flying

volcanique, volcanic.

voler, to fly; vola en éclats, was broken into pieces.

volontaire, voluntary, willful.

volonté, *f*, will, wish; que la — de Dieu soit faite, may God's will be done.

volume, *m*, volume

volumineu-x, -se, voluminous, bulky.

votre, vos, your.

vôtre, le, la; vôtres, les, yours.

voudrais — vouloir.

vouer, to vow, devote.

vouloir, to wish, will; — bien, to be willing; — dire, to mean.

vous, you, to you.

vous-même, yourself.

voûte, *f.*, vault, arch.

voyage, *m.*, voyage, trip; bon —, good-by.

vrai, -e, true; dire —, to speak the truth.

vraisemblance, *f*, probability, likelihood.

vue, *f.*, view, sight.

## X

Xénophon, see note 20, page 49.

## Y

y, *adv.*, there, here; — avoir, to be the matter.

y, *pron* , to it, about it, in it, for it, to them.

yeux, *plur. of* œil, jeter les —, to cast a glance.